*Die heißen 3*

Gefördert von:

Bibliografische Information der Deutschen Nationalbibliothek
Die Deutsche Nationalbibliothek verzeichnet diese Publikation in der Deutschen Nationalbibliografie;
detaillierte bibliografische Daten sind im Internet über http://dnb.ddb.de abrufbar

ISBN 978-3-940751-26-3

Verlag Jörg Mitzkat
Holzminden, 2010
www.mitzkat.de

# Die heißen 3

## 300 Jahre Kaffee, Tee und Schokolade in Norddeutschland

Begleitbuch zur gleichnamigen Ausstellung
im Museum im Schloss, Porzellanmanufaktur FÜRSTENBERG GmbH
(1. April bis 22. August 2010)
und im Historischen Museum Hannover
(9. Februar bis 8. Mai 2011)

Thomas Krueger, Andreas Urban (Hrsg.)
mit Beiträgen von Hilko Linnemann und Uta Ziegan

Schriften des Historischen Museums Hannover, Bd. 37

Verlag Jörg Mitzkat
Holzminden, 2010

## Vom Studium des Porzellans . . .

„Meine Söhne sollen Mathematik und Philosophie studieren, außerdem Geographie, Naturgeschichte, Schiffbau, Handel und Landwirtschaft, damit sie ihren Kindern das Recht geben, Malerei, Poesie, Musik, Architektur, Dekoration und Porzellan zu studieren" – John Adams (1735-1826), der nach George Washington zweite Präsident der Vereinigten Staaten von Amerika, artikuliert hier eine für den Zeitgeist der noch jungen USA sehr kennzeichnende Auffassung: Nach der Zeit kolonialer Abhängigkeit von Großbritannien galt es, in den 1776 selbstständig gewordenen Neuengland-Staaten eine eigenständige wissenschaftliche Infrastruktur aufzubauen, die – ganz zeittypisch utilitaristisch – die Grundlagen einer politisch und ökonomisch funktionstüchtigen Gesellschaft sichern sollten. Die Beschäftigung mit Kunst und Kultur rangierte in diesem Denken eher nachrangig. Bemerkenswert für Präsident Adams ist aber, dass er neben den klassischen Themen des Ästhetischen ausdrücklich auch das Porzellan erwähnt.

John Adams, 1735 geboren in Quincy nahe Boston, war bis 1776 Untertan des britischen Königs Georg III., der auch über die Menschen im Kurfürstentum Hannover regierte. Mehr noch: Adams war Zeitzeuge und Akteur einer in vieler Hinsicht „revolutionären" Epoche. Freilich weniger spektakulär als die politischen Umwälzungen seiner Zeit – doch nicht eben folgenlos für das Leben der Menschen – war die allmähliche Verbreitung von Kaffee, Tee und Kakao in Kreisen des Adels und des wohlhabenden Bürgertums. Noch waren es Luxusgetränke, aufwendig auf dem Seeweg zu beschaffen, Symbole der Zugehörigkeit zu hohen und höchsten gesellschaftlichen Kreisen. Und mit diesen Getränken waren es die Behältnisse, Trinkgefäße, Bestecke und Gerätschaften, die den Luxus des Genusses erst perfekt machten.

Und so kann sich wahrhaft glücklich schätzen, bei einem Ausstellungsvorhaben, das sich der Kulturgeschichte von Tee, Kaffee und Kakao widmet, die traditionsreiche Porzellanmanufaktur FÜRSTENBERG als Kooperationspartnerin an seiner Seite zu wissen. Für die vertrauensvolle Zusammenarbeit zwischen den Projektverantwortlichen Dr. Andreas Urban und Thomas Krueger sei an dieser Stelle herzlich gedankt; in ihren Händen lag gemeinsam die Verantwortung für das Konzept und die Realisierung der Ausstellung. Großer Dank gebührt der Sammlungsabteilung des Historischen Museums Hannover, Freya Akkerman und Dr. Andreas Fahl sowie unserer Restauratorin Annabet Röllig: umfangreiche Objektrecherchen und z.T. aufwendige Sicherungsmaßnahmen waren erforderlich. Die ideenreiche Gestaltung der Ausstellung trägt die Handschrift von Julia Debelts und Kerstin Wagener vom Büro Szenario. Ihnen allen gebührt großer Dank.

Die Ausstellung „Die heißen 3 – Kaffee, Tee und Schokolade in Norddeutschland" wäre in Umfang und Qualität so nicht möglich gewesen ohne die finanzielle Unterstützung durch den Verein der Freunde des Historischen Museums Hannover e.V.

Vor allem aber die Niedersächsische Sparkassenstiftung hat das schöne Kooperationsprojekt zwischen FÜRSTENBERG und Hannover großzügig und in bedeutendem Umfang finanziell gefördert. Alle am Projekt Beteiligte wissen dieses Engagement sehr zu schätzen.

Hannover, im Februar 2010

*Dr. Thomas Schwark*
Museumsdirektor

5

## Wir und „die heißen 3"

Kaffee, Tee und Schokolade sind aus unserem Alltag nicht mehr wegzudenken – auch in den Arbeitstagen unserer Stiftung haben sie einen festen Platz.

Doch was wissen wir eigentlich genau über diese „heißen 3", die uns jeden Tag das Leben ein bisschen schöner machen? Über ihre Geschichte, ihre Entwicklung? Die meisten Menschen: nicht viel. Die Getränke gehören einfach selbstverständlich zu unserem Leben dazu. Das Historische Museum Hannover und das Museum im Schloss Fürstenberg haben sich vorgenommen, die Öffentlichkeit mit diesen allseits beliebten Genussmitteln genauer bekannt zu machen. Die Ausstellung „Die heißen 3 – 300 Jahre Kaffee, Tee und Schokolade in Norddeutschland" präsentiert die lange Wirtschafts-, Gesellschafts- und Kulturgeschichte der beliebten Getränke – vom Luxusartikel des 17. Jahrhunderts bis hin zum Massenprodukt unserer Zeit.

Das Projekt sensibilisiert den Besucher für einen wichtigen Bestandteil unserer Alltagskultur. Die Niedersächsische Sparkassenstiftung freut sich daher, die Ausstellung unterstützen zu dürfen – auch als Hommage an unsere „heißen 3".

*Dr. Sabine Schormann*
Direktorin der Niedersächsischen Sparkassenstiftung

**Die heißen 3 und Porzellan - eine Symbiose**

Bereits die älteste überlieferte Auflistung von Porzellan, das „durchsichtig, sehr stark und fest gebrannt aus dem Ofen" der 1747 gegründeten Porzellanmanufaktur FÜRSTENBERG kam, nennt unter anderem „3 Kaffeekannen, 9 Teekannen, 32 Paar große Tassen, 10 Paar kleine Tassen" - Vom ersten Tage an also hat FÜRSTENBERG Porzellan für die neuen Genussmittel Kaffee, Tee und Schokolade hergestellt und Fürstenhöfe wie Adel und Bürger mit hochedlem, modernem Geschirr versorgt. Seit über 263 Jahren gehören FÜRSTENBERG und feine Tischkultur untrennbar zusammen.

Eingedenk dieser langen Tradition ist es uns immer wieder ein besonderes Anliegen, einzelne Kapitel aus dieser langen Geschichte zu erzählen. Wir freuen uns, dass wir in unserem Museum im Schloss erneut ein interessantes Thema der Kulturgeschichte rund ums Porzellan präsentieren und mit diesem Begleitbuch auch über die Ausstellungszeit hinaus dokumentieren können.

Ein solches Projekt ruht immer auf mehreren Schultern. Mit dem Historischen Museum Hannover haben wir einen starken Partner gefunden, mit dem wir Ausstellung und Buch in einer Weise verwirklichen konnten, die uns allein nicht möglich gewesen wäre. Dr. Andreas Urban und Thomas Krueger haben mit hohem Engagement die Ausstellung wie dieses Begleitbuch ideenreich und kundig konzipiert und umgesetzt. Julia Debelts und Kerstin Wagener vom Büro Szenario haben die vielen Ideen in eine ansprechende und überraschende Ausstellungsgestaltung umgesetzt. Jörg Mitzkat vom Verlag Mitzkat hat Texte und Bilder in eine hochwertigen Buchform gebracht. Ihnen und allen anderen Beteiligten, die uns bei dem Projekt so großzügig mit Rat, mit Tat und mit edlen Leihgaben geholfen haben, danken wir sehr für ihr Engagement.

Besonders zu danken haben wir der Stadtsparkasse Hannover, der Niedersächsischen Sparkassenstiftung und den Freunden des Historischen Museums Hannover e.V., ohne deren Unterstützung dieses Vorhaben nicht möglich gewesen wäre.

Fürstenberg, im März 2010

*Hon. Prof. Robert Somogyi*    *Stephanie Saalfeld*
Sprecher der Geschäftsführung    Geschäftsführerin

Kaffee, Tee und Schokolade in Norddeutschland

# Die heißen 3

## Zur Einführung

*„Ich will wohl glauben, dass unsere vorfahren kein chocolate gekennet, und das, was vom the abgekocht, vor ein kreuterbad gehalten haben würden, dass sie weder aus silber noch aus porcellan gegessen noch die Zimmer mit Tapezereyen bekleidet; noch Trachtenpuppen aus Paris kommen ließen. Aber dass ihrem Verstand etwas daher abgangen, damit bin ich nicht einig."*

(Gottfried Wilhelm Leibniz, 1679)

Als der Hofgelehrte Leibniz im ausgehenden 17. Jahrhundert diese Bemerkung notierte, wollte er vor allem seinem Selbstverständnis als Intellektueller in einer Gesellschaft von geistesfremden Höflingen am hannoverschen Fürstenhof Ausdruck verleihen. Nicht luxuriöse, dem glänzenden französischen Vorbild in Versailles nacheifernde Moden machten für den frühen Aufklärer die Substanz menschlichen Seins aus. Für Leibniz zählten vor allem die Verstandeskräfte. Die für das Repräsentations- und Distinktionsbedürfnis der Hofgesellschaft so bedeutsame aufwendige Lebensart war demgegenüber nebensächlich. Bezeichnenderweise erwähnte Leibniz in seiner Beschreibung höfischer Innovationen mit der „chocolate" und dem „the" zwei der für die Zeitgenossen noch jungen, auf Privilegierte beschränkten exotischen Getränke. Als Gelehrter stand er ihnen abwartend und distanziert gegenüber. Für die Höflinge dagegen waren sie ein modisches Accessoire, ein exklusiver Genuss aus einer unbekannten, fernen Welt.

Was Leibniz kaum ahnen konnte: Heute können wir uns einen Tag ohne Kaffee, Tee oder Schokolade gar nicht mehr vorstellen. Morgens ein Tässchen, abends ein Stück Schoko-

lade, oder auch einfach so zwischendurch. Dabei gibt es „die heißen 3" bei uns erst seit etwa dreihundert Jahren.

Kontakte zu fremden Kulturen haben das Leben in Norddeutschland immer wieder bereichert. Die Einfuhr von Kaffee aus Arabien, Tee aus China, Kakao aus Amerika und, für die Akzeptanz dieser neuen Genussmittel nicht unbedeutend, von Zucker aus der Karibik wirkte sich besonders nachhaltig auf die Lebensweise der Menschen hier aus. Die interdisziplinär angelegte Ausstellung spürt dem Wandel der Alltagskultur nach, den diese drei exotischen Früchte ausgelöst haben. Sie zeigt, wie Kaffee, Tee und Kakao bei uns im Laufe der vergangenen Jahrhunderte zu einer Selbstverständlichkeit geworden sind, wie sie die Ernährungsweise und die Geschmacksvorlieben zutiefst geprägt sowie neue Erwerbszweige und Vergesellschaftungsformen begründet haben.

Die Ausstellung präsentiert „die heißen 3" in sechs chronologisch gegliederten Stationen und einer Kaffeebar. Entsprechend seiner historischen Bedeutung kommt dem Kaffee dabei eine bestimmende Rolle zu. Das Begleitbuch stellt die Exponate, Texte und Bilder der Ausstellung vor und ergänzt sie um kontextualisierende Geschichten und Erläuterungen zu einzelnen Themenaspekten. Der räumliche Bezugsrahmen ist in beiden Medien das südliche Niedersachsen um Hannover, Braunschweig und Göttingen.

Wir wünschen Ihnen viel Vergnügen mit diesem Ausstellungsbuch. Und wenn Sie bei der Lektüre mit einer Tasse Kaffee oder Tee und einem Stück Schokolade auf unterhaltsame Weise Neues erfahren oder auf den Geschmack gekommen sind, noch mehr wissen zu wollen, so ist das Ziel dieses Projektes erreicht.

Fürstenberg und Hannover, im März 2010
*Thomas Krueger*          *Andreas Urban*

Kännchen (Mit freundlicher Genehmigung von ©Tom)

Die heißen 3

*Neu!*

Kaffee, Tee und Schokolade

Thomas Krueger

Als die neuen Genussmittel stärker ins Bewusstsein der Europäer gelangten, waren sie heiß umstritten: Die einen schimpften, sie seien ungesund, die meisten aber lobten sie als gesundheitsfördernd. Vor allem Mediziner diskutierten leidenschaftlich die Vorzüge und Nachteile der neuen Heißgetränke.[1] Der holländische Arzt Cornelis Bontekoe benötigt in seinem „Tractaat van de excellenste Kruyd Thee" von 1678 zunächst erst einmal 14 Kapitel mit 290 Seiten zur Verteidigung und Beschreibung der gesundheitlichen Vorzüge des Tees, bis er endlich zur Beschreibung und zur Zubereitung des Getränks kommt.[2]

Krankheiten plagten die Menschen vor dreihundert Jahren weit mehr als uns heute. Die Medizin konnte wenig gegen die zahlreichen organischen und Infektionskrankheiten ausrichten. Auf der Grundlage antiker Lehren, etwa des Hippokrates, bestand in der Medizin dieser Zeit nach dem Konzept der Humoralpathologie die Anschauung, dass der menschliche Körper durch das Gleichgewicht von vier Körpersäften gesteuert sei; Krankheit bedeutete jeweils eine Störung dieses Gleichgewichts von Blut, Schleim (Phlegma), gelber und schwarzer Galle.[4] Sie waren „ein Produkt des Stoffwechsels aus der aufgenommenen Nahrung." Die Säfte steuerten wiederum die „vier Organe Herz, Hirn, Leber und Nieren und die Qualitäten Wärme, Kälte, Feuchtigkeit und Trockenheit." Die Nahrungsmittel wurden diesen Qualitäten zugeordnet. Beeinflusst wurden die Säfte wiederum vom Temperament eines Menschen, der ein Sanguiniker, Phlegmatiker, Choleriker oder Melancholiker war, sowie von Jahreszeit und Alter. Eine bestimmte Ernährung sowie Heilkräuter, Mineralien, Brechmittel, Klistiere und Aderlass konnten die Säfte wieder in Ordnung bringen. Oft berichtete Liselotte von der Pfalz (Herzogin Elisabeth Charlotte von Orléans, 1652-1722) in ihren rund 6 000 aus der Zeit von 1672 bis 1722 überlieferten Briefen davon, wie mit diesen Maßnahmen die verschiedensten Leiden und Krankheiten behandelt wurden.[5]

Die neuen Getränke mussten nun in ihrer Bewertung in dieses Schema eingeordnet werden, wobei neben ihrer eigentlichen, substanziellen Wirkung zu klären war, ob und wie der völlig fremde, heiße Genuss sich auf den Organismus auswirkte. So fanden Kräuterbücher und Traktate über die hei-

ßen 3 von Medizinern wie Cornelis Bontekoe, Philippe Sylvestre Dufour, Bernhard Verzasche in der Bearbeitung von Theodor Zwinger oder des Italieners Bartholomaeus Belli weite Verbreitung, Neuauflagen und Übersetzungen.[6] Die meisten Mediziner schließlich bewerteten nach langer Diskussion sowohl die Wirkung als auch die Trinktemperatur der heißen 3 als sehr bekömmlich für den Säftehaushalt.

TRAITÉS NOVVEAVX & CVRIEVX DV CAFE DV THÉ, ET DV CHOCOLATE Composez Par Philippe, Sylvestre Dufour.

Ein Türke, ein Chinese und ein Indianer symbolisieren Kaffee, Tee und Schokolade.[3]

Kaffee und Tee verbesserten die Zirkulation der Körpersäfte: „Denn alle Kranckheiten sind ein Stillstand der Säfte des Leibes;" Kaffee und Tee wirkten anregend, wie auch die Schokolade. Schokolade war außerdem sehr nahrhaft, „Fürnehmlich aber erweckt und reizet sie zu Geilheit und Liebeslust" - sicherlich ein weiterer Vorteil.[7] So ist zurecht festzustellen: „Die frühneuzeitliche Medizin dürfte *der* Wegbereiter für die Integration der aufgrund ihres bitteren Geschmacks gewöhnungsbedürftigen Genussmittel in die europäische Kultur gewesen sein."[8] Der bittere Geschmack wurde in Europa alsbald mit Zukker und Milch überdeckt.

### Woher kamen die heißen 3?
### Ein wenig Botanik und Geografie

### Kaffee

Der Kaffee stammt aus den feuchten Bergwäldern Äthiopiens, wo er als Unterholzpflanze wächst und 6 bis 8 Meter Höhe erreichen kann[9]. Im feuchteren Südwesten des Jemen wurde er unter Schattenbäumen kultiviert. Die meist auf Buschhöhe gestutzten Kaffeebäume bilden nach der kurzen Blüte Steinfrüchte. Diese „Kaffeekirsche" enthält die gesuchte Kaffeebohne. Die Kirschen werden gepflückt, geschält, getrocknet und sortiert. 50 Kilogramm frisch gepflückte Kirschen ergeben je nach Sorte 8 bis 12 Kilogramm Bohnen. Dann werden die ausgesuchten Bohnen getrocknet, gesäubert und poliert.

Arabische Händler brachten den Kaffee irgendwann im 14. Jahrhundert von Äthiopien in den Süden des Jemen, wo er zwar nicht ganz so gute feucht-warme Wachstumsbedingungen hatte wie in seiner Heimat Äthiopien, doch die findigen Araber kultivierten ihn und erkoren ihn zu ihrem Leibgetränk, der Arabica-Kaffee war geboren. Sicherlich nicht allein deswegen wurde der Jemen Arabia felix: glückliches Arabien genannt. Gehandelt wurde der Kaffee von arabischen Händlern über die jemenitische Hafenstadt Mokka zunächst in den Nahen Osten. Nach Europa gelangte er bereits im 16. Jahrhundert über Alexandria (Ägypten) und Konstantinopel (das heutige Istanbul in der Türkei) vor allem nach

Kaffeepflanze, Illustration aus Zwinger, 1696.

Venedig, aber auch in die wichtigen Hafenstädte Genua und Marseille, wo er alsbald in ersten Kaffeeschenken angeboten wurde.

Der Handel lag vollkommen in den Händen der Araber, doch um 1680 konnten holländische Seefahrer Kaffeepflanzen in die holländischen Kolonien Java und Ceylon schmuggeln. 1706 wurden einige Pflanzen von Java nach Amsterdam gebracht, wo sie in einem Gewächshaus mühsam kultiviert wurden. Mit viel Glück überstanden einige Pflanzen 1714 die

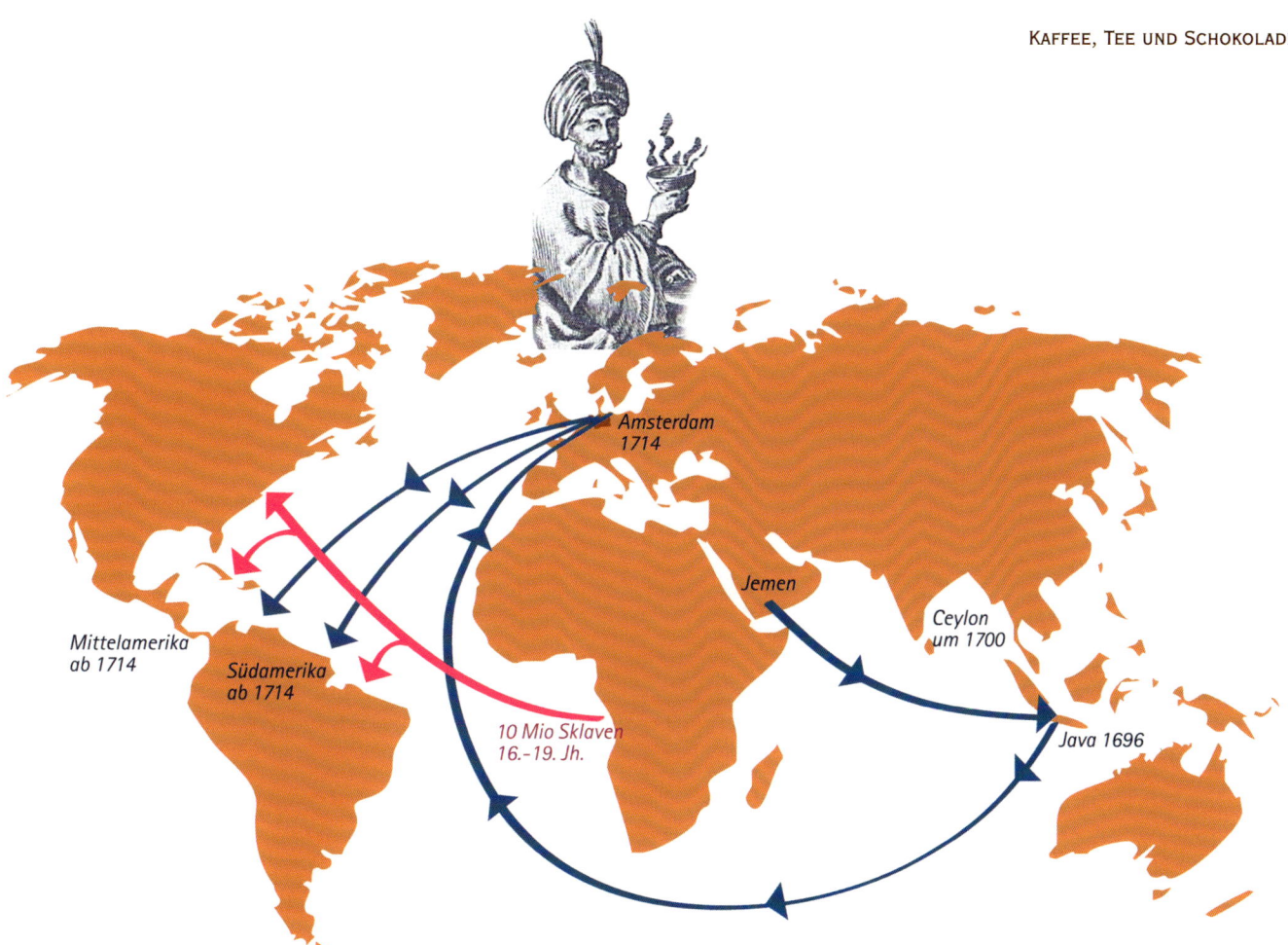

Mittelamerika
ab 1714

Südamerika
ab 1714

Amsterdam
1714

Jemen

Ceylon
um 1700

Java 1696

10 Mio Sklaven
16.–19. Jh.

Die globale Verbreitung des Kaffees[11]

lange Seereise von Amsterdam nach Südamerika, genauer nach Surinam, wo bald darauf holländische Kolonisten große Plantagen anlegten und die Kaffeeproduktion alsbald „rasant florierte".[10] Das arabische Kaffeemonopol war gebrochen.

Ein dunkles Kapitel ist der Anbau von Kaffee, aber auch der von Kakao in dieser Plantagenwirtschaft: Ermöglicht wurde der umfangreiche Anbau dieser tropischen Früchte durch den massenhaften, billigen Einsatz von Sklaven. Schätzungsweise 10 Millionen Menschen wurden zwischen dem 16. und dem frühen 19. Jahrhundert aus Afrika nach Amerika verschleppt, wo sie unter meist erbärmlichen Verhältnissen die Plantagen für Kaffee, Kakao, Zuckerrohr, sowie für Tabak und Baumwolle beackerten, um den Europäern den Genuss dieser Nahrungsmittel zu ermöglichen.

## Tee

Der Tee ist ein kleiner, immergrüner Baum von fünf bis zehn Metern Höhe, der zur Bewirtschaftung auf etwa 1,20 m buschig zurückgeschnitten wird. Die Blätter werden mehrmals jährlich von Hand gepflückt, wobei die Auswahl der gepflückten Blätter die Qualität bestimmt. Teeblätter müssen schnell und aufwendig verarbeitet werden, sie müssen welken, gerollt werden, fermentieren (gären), trocknen und sortiert werden.

Tee gelangte erstmals Mitte des 16. Jahrhunderts nach Europa. Bis Mitte des 19. Jahrhunderts wurde er nur in China angebaut, das chinesische Kaiserreich behielt solange sein Monopol. Hauptsächlich handelte die englische Ost-Indien-Compagnie in scharfer Konkurrenz zur holländischen Handelsgesellschaft und französischen Händlern im 18. Jahr-

13

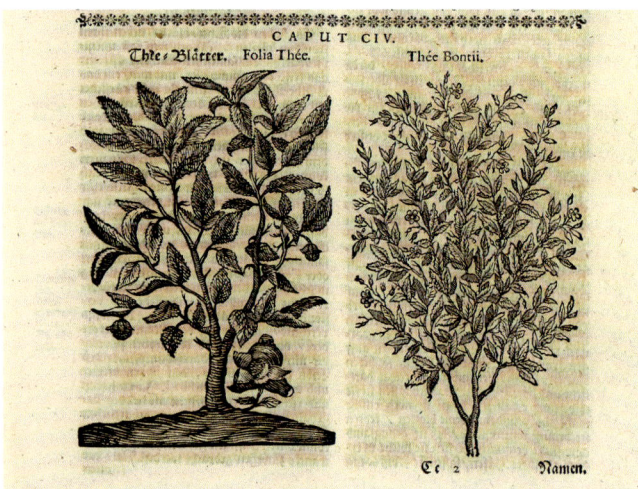

Teeblätter und Teebaum, Illustration aus Zwinger, 1696.

hundert den Tee nach Europa, der größte Tee-Umschlagplatz war London. Erst 1845 gelangte der Tee durch die Engländer nach Indien und von dort um 1870 nach Ceylon; der in der nordöstlichen indischen Provinz Assam beheimatete Tee wurde erst um 1850 entdeckt. Tee wurde bis dahin allein in China in kleinteiliger Gartenkultur angebaut, dennoch konnten große Mengen für den Export produziert werden. Durch die Dominanz der englischen Ostindienkompagnie im Teehandel wurde Tee in Großbritannien günstig und verdrängte den arabischen Kaffee von den britischen Inseln.

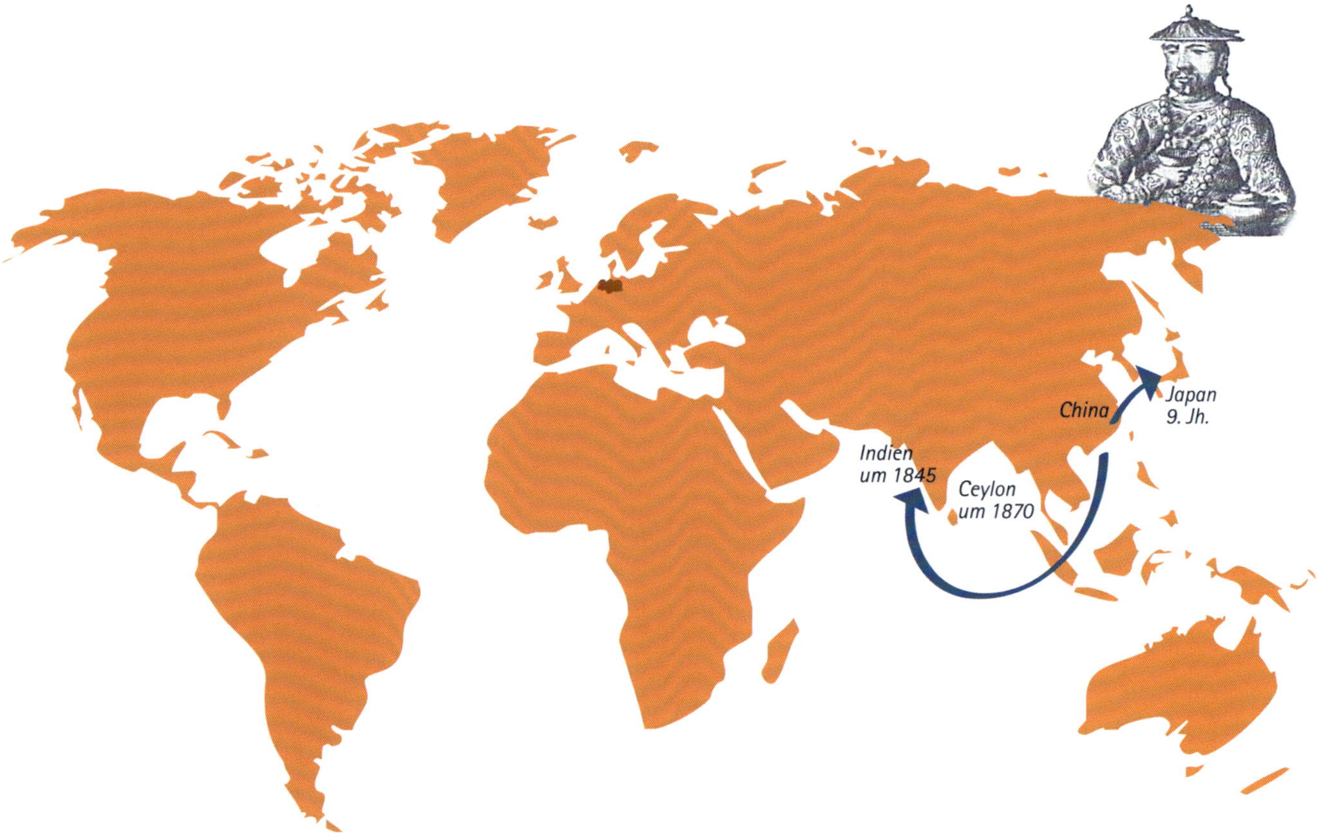

Die globale Verbreitung des Tees.

Kakaobaum, Illustration aus Zwinger, 1696.

## Kakao - Schokolade

Der Kakaobaum kommt in 22 Arten vor und stammt vermutlich aus dem Amazonasgebiet. Er wird meist 5 bis 6 Meter hoch und trägt seine kleinen Blüten sowohl am Stamm als auch an den Zweigen. Aus ihnen entwickeln sich nur wenige, 300 bis 500 Gramm schwere Früchte, die die fettreichen Samen, die Kakaobohnen enthalten. 30 Früchte ergeben etwa 2 Kilogramm Bohnen. Die zeitraubende Ernte geschieht bis heute von Hand. Die Früchte werden anschließend mit einem Haumesser geöffnet und die Bohnen herausgelöst, die nun fermentiert, getrocknet und gereinigt werden müssen.

Kakao wurde von dem portugiesischen Seefahrer Christopher Columbus auf seiner vierten Seereise 1502 bei den Mayas in Honduras entdeckt, wo er als „choco latl," Kakao-Wasser, mit Chili scharf gekocht von den Einwohnern getrunken wurde. Am 30.7.1502 traf Columbus auf ein Handelskanu, das unter anderem „eine Art Mandeln" transportierte. Eigentlich war das kein Zufallsfund, denn Columbus war ja auf der Suche nach Gewürzen und Gold.[12] Doch das scharfe, ungewohnte Getränk begeisterte zunächst recht wenig. Kakao wurde in verhältnismäßig geringen Mengen von den Mayas kultiviert. Größere Mengen fanden die Spanier erst nach der Eroberung des südlich gelegenen Aztekenreichs um 1520 vor. Erst mit der Einführung des Rohrzuckers von den Kanarischen Inseln nach Südamerika wurde Kakao in größeren Mengen von den Spaniern angebaut: Denn das war das vordringliche Ziel der europäischen Kolonialwirtschaft, hauptsächlich eigene Früchte wie den teuren Zucker anzubauen;[13] dass man mit dem Kakao ein neues Heil- und Genussmittel anbauen konnte, das sehr gut mit dem eigenen, bekannten Produkt Zucker harmonierte, war ein glücklicher Zufall. Die Kolonialherren brachten den Kakao bald nach Kolumbien, Venezuela und Brasilien und um 1670 auf die Philippinen. Gegen Ende des 17. Jahrhunderts gelangte der Kakao schließlich in größerem Umfang nach Spanien, transportiert wurde er zusammen mit dem peruanischen Silber. Doch der komplizierte Anbau und die Verarbeitung machten Schokolade teuer. Das Getränk wurde hauptsächlich am spanischen Königshof und ab 1615 am französischen Hof, im weiteren Verlauf des 17. und 18. Jahrhunderts auch an anderen europäischen Höfen als Luxusgetränk eingeführt. Erst seine Einführung auf Madagaskar und in Westafrika mit den groß angelegten Plantagen sowie die Entwicklung der Tafelschokolade durch das Entölen im 19. Jahrhundert machten Kakao und Schokolade zum Massen-Genussmittel.

Die Handelswege waren lang:[14] Von der Plantage in Mittel- und Südamerika gingen die Genussmittel auf Fuhrwerken oder Kähnen zum nächstgelegenen Hafen. Der chinesische Teehandel war dabei besonders kompliziert, weil die kaiserliche Regierung sich bemühte, das Handelsmonopol zu behalten. Vom jeweiligen Ausfuhrhafen ging es über mehrere

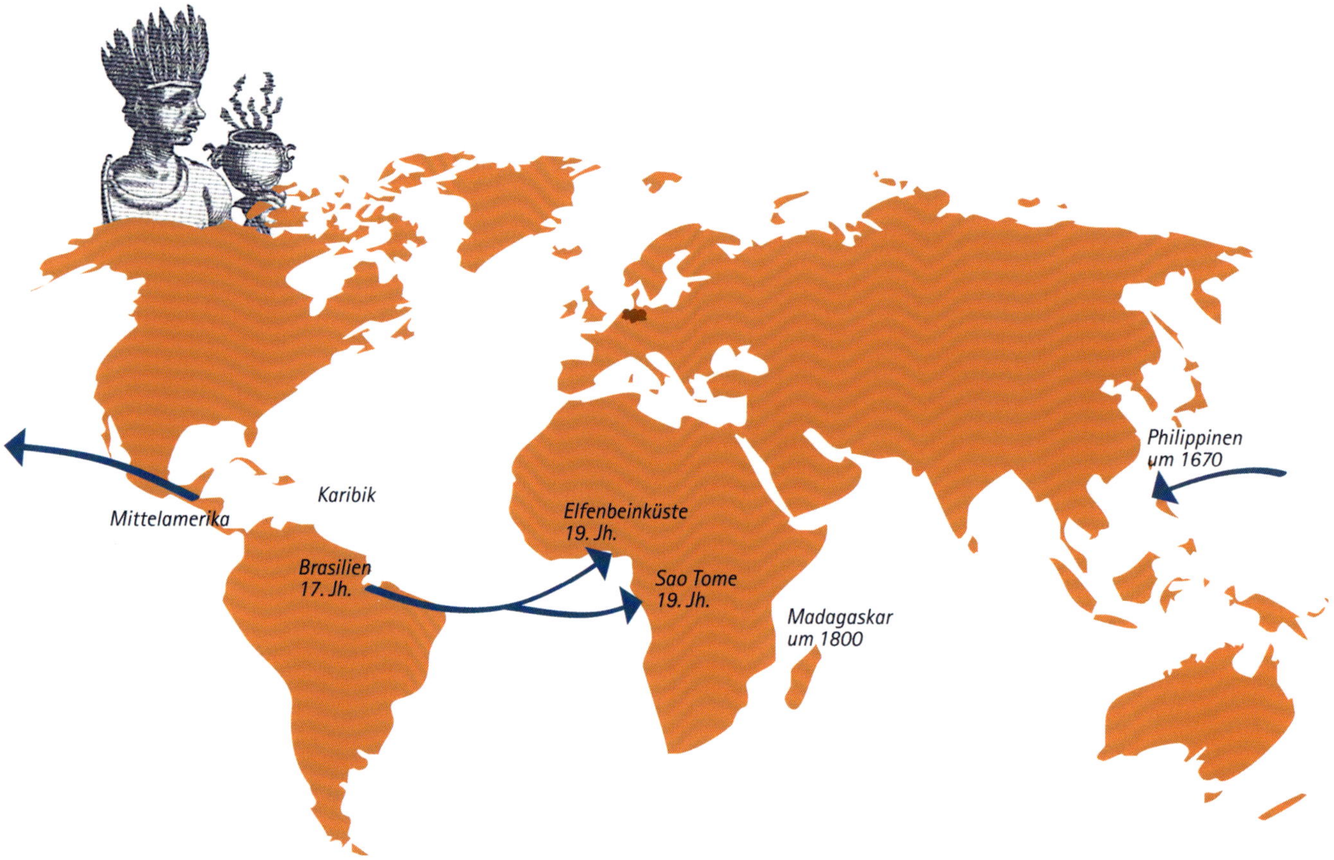

Philippinen
um 1670

Karibik

Mittelamerika

Elfenbeinküste
19. Jh.

Brasilien
17. Jh.

Sao Tome
19. Jh.

Madagaskar
um 1800

Die globale Verbreitung des Kakaos

Ein englischer East India Seaman, um 1800

Monate nach Europa: Die Fahrzeit von China nach Europa betrug im 18. Jahrhundert etwa 9 Monate (wenn alles gut ging), aus der Karibik benötigte ein Schiff etwa 4 bis 5 Monate, bis es im Hafen von Emden, Bremen oder Hamburg festmachen konnte. Von hier aus verbreiteten sich die neuen Heißgetränke, hier entstanden auch Ende des 17. Jahrhunderts die ersten Kaffeehäuser. Weiter ging es entlang der Handelswege in die Städte und dann aufs Land. Ein Fuhrwerk benötigte von Bremen nach Hannover ungefähr 5 bis 6 Tage, wo möglich, nutzte man die Flussläufe wie Weser, Aller und Leine.

Gehandelt wurden die drei neuen Genussmittel meist von Spezereihändlern, den sogenannten Materialisten, die häufig als fahrende Händler über Land und Stadt oder von Markt zu

Markt zogen. Aber auch in Apotheken wurden diese Heil- und Genussmittel verkauft. Die feuchte Seeluft beeinträchtigte die Qualität der Ware ebenso wie die langen Transportzeiten. Kaffeebohnen konnten nur ungeröstet gehandelt werden. Kakao wurde auf den Plantagen zu Tafeln in Kuchenform verarbeitet, die „chocolata" genannt wurden. Tee kam bereits fertig getrocknet und fermentiert in Kisten aus China.

Betrachtet man die hier nur sehr kanpp dargelegten Verflechtungen von Anbau und Handel der neuen Genussmittel, so kommt man nicht umhin festzustellen, dass Globalisierung keineswegs ein Phänomen - und eingedenk der problematischen Wirtschaftsverhältnisse mit Sklaverei und Monokulturen - Problem unserer Gegenwart ist.

## Anmerkungen

1 Das Folgende nach Annerose Menninger: Genuss im kulturellen Wandel. Tabak, Kaffee, Tee und Schokolade in Europa (16. - 19. Jahrhundert). Stuttgart, 2., erw. Aufl. 2008, S. 116ff.

2 Cornelis Bontekoe: Tractaat Van het Excellenste Kruyd Thee: 't Welk vertoond het regte gebruyk, en de grote kragten van't selve in Gesondheid, en Siekten; Benevens een Kort Discours Op Het Leven, de Siekte, en de Dood; mitsgaders op de Medicijne, en de Medicijns van dese tijd, en speciaal van ons Land / Door Cornelis Bontekoe Doctor in de Medicijnen. s'Gravenhagen [Den Haag] 1678.

3 Titelvignette aus Philippe Sylvestre Dufour: Traitez nouveaux et curieux du café, du thé et du chocolate; A quoy on a adjouté ... la meilleure de toutes les méthodes, qui manquoit à ce livre, pour composer l'excellent chocolate. Den Haag 1685. Erschien mehrfach auch auf Deutsch, Latein und in anderen Sprachen.

4 Das Folgende nach Menninger, Genuss, S. 246.

5 Sie war verheiratet mit dem Bruder des französischen Königs Ludwig XIV. und lebte am französischen Hof. Vgl. Helmuth Kiesel (Hg.), Briefe der Liselotte von der Pfalz [Auswahl]. Frankfurt 1981. - Die nicht weniger umfangreichen, über 3 100 Seiten umfassenden Tagebücher des englischen Staatssekretärs im Marineamt, Samuel Pepys (1633-1703) aus der Zeit 1660-1669, geben ähnliche Einblicke. Vgl. jetzt die vollständige deutsche Übersetzung von Georg Deggerich u.a. (Hg.): Samuel Pepys: Die Tagebücher 1660-1669, 9 Bde. Hamburg 2010.

6 Kurtze, jedoch sehr Accurat und Nützliche Beschreibung der Thee Coffee und Chocolate [...] aus unterschiedlichen Schrifften berühmter Medicorum und den neusten courieusen Reise-Beschreibungen zusammen gezogen von dem Italiener Bartholomaeo Belli. Leipzig 1695, 14 Seiten.

7 Theatrvm Botanicvm, Das ist: Neu vollkommenes Kräuter-Buch Worinnen Allerhand Erdgewächse der Bäumen, Stauden und Kräutern, welche in allen vier Theilen der Welt, sonderlich aber in Europa herfür kommen, neben ihren sonderbahren Eigenschafften, Tugenden, und Fuertrefflichen Würckungen, auf vielen herrlichen Artzneymitteln und deren Gebrauch, wider allerley Krankheiten an Menschen und Vieh [...] an das Tagliecht gegeben von Herrn Bernhard Verzascha. Anjetzo aber Inn eine gantz neue Ordnung gebracht, auch mehr als umb die Helffte vermehrt und verbessert, Durch Theodorum Zvingerum. Basel 1696, S. 38. - Das Buch umfasst insgesamt 996 Seiten!

8 Menninger, Genuss, S. 33.

9 Das Folgende nach Rudolf Schröder: Kaffee, Tee und Kardamom. Tropische Genussmittel und Gewürze. Geschichte, Verbreitung, Anbau, Ernte, Aufbereitung. Stuttgart 1991.

10 Menninger, Genuss, S. 179.

11 Diese und die folgenden beiden Karten nach Menninger, Genuss, sowie Schröder, Kaffee, Tee und Kardamom.

12 Christoph Columbus. Dokumente seines Lebens und seiner Reisen. Hrsgg. von Friedemann Berger, Leipzig 1991, Bd. 2, S. 200ff.

13 Menninger, Genuss, S. 97f.

14 Menninger, Genuss, S. 171-236. - Vgl. zum Amerikahandel auch Claudia Schnurmann: Europa trifft Amerika. Atlantische Wirtschaft in der Frühen Neuzeit, 1492-1783. Frankfurt 1998.

Kaffee, Tee und Schokolade in Norddeutschland

# Von Caffee-Schmäusgen

# und Thée-Visiten

Hilko Linnemann

In kaum einem anderen Zeitabschnitt als der frühen Neuzeit erlebten die Menschen innerhalb kurzer Zeit einen so grundlegenderen Wandel ihrer Lebensverhältnisse in kultureller, wirtschaftlicher und religiöser Hinsicht, aber gleichsam auch im Bereich der Ernährung und Getränke. Einschneidende Ereignisse wie die Entdeckung der Neuen Welt oder des Seeweges nach Indien, die Reformation, der Dreißigjährige Krieg oder die Französische Revolution markieren diese Zeit.

### Die Einführung der heißen 3 in Norddeutschland

Während im Mittelalter und zu Beginn der frühen Neuzeit Bier und Wein neben Milch und Wasser die vorherrschenden Getränke waren, entwickelte sich mit der Einführung von Tee, Kaffee und Schokolade im Laufe des 17. und 18. Jahrhunderts auch in Norddeutschland eine neue Kultur des Getränkegenusses. Die ersten Kaffeehäuser in Norddeutschland entstanden 1673 in Bremen und 1677 in Hamburg, 1702 in Hannover; und auch in Braunschweig entstand um diese Zeit eine „Coffee-Schenke". Bereits zu Beginn des 18. Jahrhunderts hatten sich die neuen Getränke auch in den ländlichen Regionen Norddeutschlands etabliert, die über die Seehäfen mit Kaffee und Tee beliefert wurden. Diese innovativen Genussmittel drängten, wenn auch nicht dauerhaft, alkoholische Getränke zunächst in den Hintergrund. Bereits im 18. Jahrhundert kam neben Tee und Kaffee der Branntwein in Mode und das Bier erlebte während der frühen Phase der Industrialisierung in der ersten Hälfte des 19. Jahrhunderts auch in bürgerlichen Kreisen eine Renaissance.[1]

Schokolade, die ursprünglich aus Mittelamerika stammt, gelangte seit dem frühen 16. Jahrhundert über die spanischen Eroberer nach Europa und wurde seit Mitte des 16. Jahrhunderts am spanischen Hof getrunken. Der Genuss von Schokolade war bis weit in das 17. Jahrhundert ein Privileg des spanischen Adels. Obwohl Kakaobohnen seit der 2. Hälfte des 17. Jahrhunderts auch in anderen Teilen Europas gehandelt wurden, blieben sie auf Grund des hohen Preises auch dort dem Adel vorbehalten. Erst nachdem Anfang des 19. Jahrhunderts die Technik der Entölung der Kakaobohnen und der Zuckerraffinade aus Rüben entdeckt worden war, wurde Schokolade für größere Teile der Bevölkerung erschwinglich, wobei Schokolade in Form von fester Tafelschokolade der Vorzug gegeben wurde gegenüber dem Heißgetränk.

### Von Adel, Bürgern und Bauern oder wer trank wann und wie die neuen Heißgetränke

Wer welche Getränke in der frühen Neuzeit konsumierte, hing überwiegend von finanziellen Möglichkeiten und dem Zugang zu sauberem Trinkwasser ab. Wasser wurde hauptsächlich in wenig begüterten Haushalten getrunken und war ohne Aufbereitung häufig nicht genießbar. Schon im 18. Jahrhundert gab es besondere Brunnenwasser, die auf Steinzeugkrüge oder auch gesiegelte Glasflaschen gezogen veräußert wurden. Der Konsum von Sauerwasser aus Pyrmont, Driburg oder Niederselters gehörte, wie archäologische Funde zum Beispiel auf dem Heistermann-von-Ziegelbergschen Adelshof in Höxter belegen, zur Alltagskultur der gehobenen Gesellschaft.[2]

Daneben waren leichtes Bier und Milch die Alltagsgetränke der ländlichen Bevölkerung. Milch wurde häufig zu Butter weiterverarbeitet, so dass auch Buttermilch oder Sauermilch getrunken wurde. Bier ist ein relativ empfindliches Produkt, das leicht verdirbt und besonders bei minderwertigem Wasser sehr schnell an Qualität einbüßt. Bier mit höherem Alkoholgehalt wurde in der Regel bei Festlichkeiten ausgeschenkt und Wein blieb zumeist nur den begüterten Kreisen der Bevölkerung vorbehalten.[3]

Schon seit Jahrhunderten gab es einen regen Fernhandel mit dem nahen und fernen Osten und so dürften die jeweiligen Handelsreisenden in der Türkei und Arabien mit Kaffee und Tee in Berührung gekommen sein. Die Handelsstadt Venedig war hier eine wichtige Drehscheibe, hierher stammt auch die erste Erwähnung aus der Mitte des 16. Jahrhundert; erste Beschreibungen des Kaffees existieren seit der 2. Hälfte des 16. Jahrhunderts. Tee und Kaffee waren im 18. Jahrhundert zunächst vorwiegend als Arzneimittel bekannt, aber auch als besondere, exotische Luxusgüter. Als Getränk durchsetzen konnten beide sich in Mitteleuropa jedoch erst rund 100 Jahre später. Zunächst als Luxusgut auf adelige Kreise

# FRÜHES GERÄT FÜR KAFFEE UND TEE IN NORDDEUTSCHLAND

Die frühesten Belege für die Existenz von Kaffee und Tee im Braunschweigischen stammen aus Nachlassinventaren von Personen der adelig-bürgerlichen Führungsschicht. So ist aus dem Nachlass von Anna Tuckermann, der Witwe des weiland Abtes von Riddagshausen überliefert, dass sie 1678 „oben auf der Cammer bey der blauen Stube [...] ein grün klein schäpflein," einen kleinen Wandschrank besaß, in dem sich bei der Aufnahme des umfangreichen Nachlasses unter „allerhand plunder" und

Ausriss aus dem Nachlassinventar der Anna Tuckermann, 1678.

anderem Kram auch „ein Beutel mit türckischen bohnen" befand, worunter Kaffeebohnen zu verstehen sind.[4] Warum sie an so abgelegter Stelle gefunden wurden und nicht etwa in Küchennähe, ist unbekannt. Vielleicht konnte sie mit diesen Bohnen nichts anfangen, sie waren ihr aber als exotische Dinge zu schade zum Entsorgen?

1695, knapp 20 Jahre später, sind aus dem Nachlassinventar des Hofgerichtsassessors Conring auf Groß Twülpstedt auf einigen Seiten verschiedene Geräte zur Zubereitung und zum Genuss von Tee und Kaffee zu finden, so ein „zinnern Thee Topf", unter „blechern geräth - ein Coffee Topf, eine Thée Büchse", einiges an „porcellan" wie „Tassen" und „zwey alte hamburg theenäpgens", auch ein eiserner Wasserkessel ist aufgeführt.[5]

In diesem Haushalt war man offenbar schon an die neuen Heißgetränke gewöhnt und hatte einigen Hausrat zur Zubereitung und zum Genuss von Kaffee und Tee. Für die neuen Heißgetränke gab es zunächst keine geeigneten Gefäße. Doch zusammen mit dem Tee wurden Porzellantassen ohne Henkel aus China importiert. Bis um 1750 gelangten Hunderttausende „Koppchen" nach Europa,[6] deren Form die europäische Geschirrproduktion für die neuen Getränke prägte.

So finden sich gerade in Norddeutschland viele chinesische Porzellane aus dieser Zeit. In Göttingen fand man nachweislich 1760 in einem mit Hausrat verfüllten Brunnen Dutzende von chinesischen Tassen und Untertassen sowie Tassen aus Porzellan und Fayence nach chinesischen Vorbildern aus dem Haushalt der Witwe eines Amtmannes.[7] Auch in anderen Städten, etwa in Höxter, fand man in der erwähnten Abfallgrube des Adelshofes Heistermann von Zielberg chinesische Porzellantassen sowie Tassen aus Fayence aus den niedersächsischen Manufakturen in Braunschweig, Wrisbergholzen und Hannoversch Münden sowie Porzellan aus Meißen und Fürstenberg: „Bemerkenswert ist, dass nach

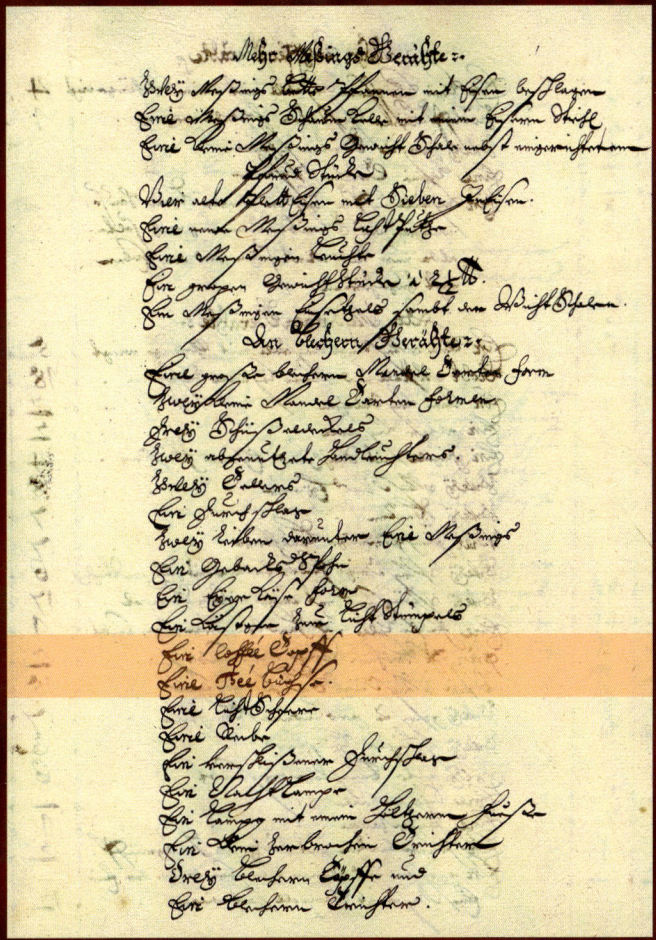

„An blechern Geräthen" aus dem Nachlassinventar des Hofgerichtsassessors Conring auf Groß Twülpstedt „ ein Coffée Topf, eine Thée Büchse", 1695.

der Gründung der Porzellanmanufaktur im nahegelegenen Fürstenberg (1747) das bis dahin auf dem Adelshof bevorzugte chinesische Porzellan durch kostspieligere einheimische Erzeugnisse ersetzt wurde. Daneben wurde weiterhin wohlfeiles Geschirr aus den regionalen Töpfereizentren erworben, ebenso wahrscheinlich aus England stammendes Steingut."[8]

Thomas Krueger

beschränkt, sorgten sinkende Preise und die Gründung von Kaffeehäusern in den großen Handelsmetropolen für eine schnelle Verbreitung vor allem des Kaffeetrinkens auch in bürgerliche Schichten.

Allgemein läßt sich sagen, dass in Norddeutschland nach 1700 an alkoholischen Getränken vor allem Branntwein, Bier aber auch Wein getrunken wurde, wobei in adeligen und bürgerlichen Kreisen in der Regel Wein gegenüber Branntwein und Bier der Vorzug gegeben wurde. In der bäuerlichen und unterbäuerlichen Bevölkerung trank man deutlich häufiger Bier, wobei festzuhalten ist, dass im Laufe des 18. Jahrhunderts das Bier immer stärker in den Hintergrund gedrängt und von Branntwein als berauschendem Getränk abgelöst wurde. An nichtalkoholischen Getränken gab es neben Wasser und Milch auch zunehmend Kaffee oder Tee, die sich sehr schnell in allen Schichten verbreiteten. Wasser und Milch, letztere häufig in Form von Buttermilch, wurden nur noch in den unterbäuerlichen Schichten der Bevölkerung verzehrt. So waren der Tee- und Kaffeegenuss nur für kurze Zeit während der 2. Hälfte des 17. Jahrhunderts ein Privileg des Adels und des gehobenen Bürgertums.

Den so gestiegenen Verbrauch an Kaffee und Tee beäugten die merkantilistisch gesinnten Landesherren mit Argwohn, denn durch den Import der Rohstoffe flossen nicht unerhebliche Geldmengen ins Ausland ab. So versuchten einige Landesherren seit der Mitte des 18. Jahrhunderts, durch Verordnungen den Kaffeeverbrauch zu reglementieren. Ein Motiv, das hinter den Verboten stand, war jedoch das Interesse des Adels und des Bürgertums, sich von den übrigen Bevölkerungsschichten abzusetzen und vor allem das Kaffeetrinken als Standessymbol beizubehalten. Denn: „Wer Kaffee trinkt, hält sich für etwas höher, als wer ihn nicht trinkt, und wer ihn bisher noch nicht genoß, wird dadurch leicht gereitzt, sich gleichfalls durch seinen Genuß zu erheben," so hieß es 1757 in den Braunschweigischen Anzeigen.[9]

Zudem sollte dem ersichtlich schwindenden Absatz von Bier entgegengewirkt werden, da der Adel zumeist sowohl Produzent der Braugerste als auch Nutznießer der Einnahmen durch Biersteuern war. Die moralischen Bedenken, wie die Sorge um die Volksgesundheit und die Furcht vor dem

Die braunschweigische Verbotsverordnung von 1764 erstreckte sich über Wein, Kaffee, Tee und Zucker und argumentierte mit dem Gebot der Sparsamkeit in der schwierigen Zeit nach dem Ende des Siebenjährigen Krieges (1756-1763).

Umsichgreifen von Müßiggang und Schlendrian, wirken dagegen oft nur vorgeschoben, sie gehörten aber in der fürsorglichen Ständegesellschaft zu den üblichen Argumentationsschemata der Eliten gegenüber den „einfältigen" Untertanen. So folgten mehr oder weniger alle Verbotsversuche diesen Argumenten: In Braunschweig 1764, in Hildesheim 1768, in Waldeck 1771, in Kassel 1773, in Hannover 1780, in Lippe-Detmold und Preußen schließlich 1781.

Doch alle diese Versuche, den Kaffee- und Teekonsum durch Steuern, Zölle, Verbote und Strafen zu beeinflussen, schlugen letztlich fehl und konnten den Siegeszug der Heißgetränke, trotz zwischenzeitlicher Verknappung der Rohstoffe durch Kriege, nicht eindämmen.[10] Hierzu trugen unter anderem die nahezu unkontrollierbaren Grenzen der unzähligen

Kleinstaaten des Deutschen Reiches bei, über die der Schmuggel von Waren aller Art blühte, aber auch das Problem der Abgrenzung der Personenkreise, die vom Verbot des Kaffeekonsums betroffen waren. Im Grunde waren die Verbote sogar zu einer unfreiwilligen Werbung für die neuen Heißgetränke geworden, denn sie wurden in einer ständisch organisierten Gesellschaft umso mehr zu einem Statussymbol, an dem möglichst alle Gesellschaftskreise Anteil haben wollten:[11] „In unsern wollüstigen Tagen weiß der Bauer, allen strengen Gesetzen ohngeachtet, eben so gut Coffee und Thee zu trincken, als der vornehme Mann in der Stadt," schrieb 1767 das Hannoversche Magazin.[12] Und 1802 hieß es schließlich im Neuen Hannoverschen Magazin, dass „das Braugewerbe durch die Macht der herrschenden Umstände, durch Einführung des wohlfeilen Franzweins, häufigen Kaffee- und Branntweintrinkens äußerst geschwächt worden" ist.[13]

Angeblich soll der Kaffeeverbrauch im Fürstentum Hannover zwischen Mitte und Ende des 18. Jahrhunderts um das dreiundachtzigfache gestiegen sein.[14] Diese Zahlen lassen sich bei näherer Betrachtung jedoch nicht halten. Eine genaue Berechnung ist aufgrund fehlender statistischer Daten nicht möglich, so dass in jüngeren, begründeten Schätzungen von einem doppelt bis dreifach gestiegenen Verbrauch für das Fürstentum Hannover ausgegangen wird.[15] So hatten sich dann Tee und Kaffee Ende des 18. Jahrhunderts und Anfang des 19. Jahrhunderts endgültig auch in der ländlichen Bevölkerung durchgesetzt. Die Genussmittel waren in allen Schichten der Bevölkerung verbreitet.

Die schnelle Aufnahme von Tee und Kaffee in einer sonst eher konservativ geprägten Gesellschaft, wie sie für weite Regionen Norddeutschlands charakteristisch war, erstaunt um so mehr, wenn man bedenkt, dass einerseits der Geschmack beider Heißgetränke für die damaligen Konsumenten völlig neu und ungewohnt war, andererseits die Anschaffung von diversen Gerätschaften zur Zubereitung von Tee und Kaffee kostspielig war. Für beide Getränke brauchte man beispielsweise einen bis dahin in der Küche nicht üblichen Wasserkessel, der bis zum Beginn des 19. Jahrhunderts zumeist aus Kupfer, später dann aus Gusseisen bestand. Selbstverständlich war zum Genuss von Kaffee oder Tee auch das eigentliche Geschirr, bestehend aus Kanne, Tassen und Untertassen notwendig. Zusätzlich benötigte man für Kaffee noch einen Röster und einen Mörser oder, später im 18. Jahrhundert, eine Kaffeemühle. Nicht jeder Haushalt konnte sich die zahlreichen, häufig wertvollen Geräte leisten.[16]

Bis in die zweite Hälfte des 19. Jahrhunderts hinein wurde in weiten Teilen Norddeutschlands über dem offenen Feuer gekocht. Der Kessel hing direkt über dem offenen Feuer an einem Kesselhaken, dem sogenannten „Hal". Um die Temperatur im Kessel regulieren zu können, wurde der Hal mittels einer einfachen Mechanik, bestehend aus mehreren gezackten Führungsschienen in Form einer eisernen Säge in der Höhe verstellt. Hierbei spricht man von einem Sägehal.[17] Eine Hausfrau, bei der sich kurzfristig Besuch ankündigte, musste dann schnell einen „Zacken zulegen," um das Wasser im Kessel wieder auf die zur Tee- oder Kaffeebereitung nötige Temperatur zu bringen, denn mittlerweile erwartete jeder Gast im 19. Jahrhundert, einige Tassen des jeweiligen Heißgetränkes angeboten zu bekommen.

Die Frau eines Kapitäns aus Ostfriesland trinkt noch 1834 ihren Tee aus der Unterschale.

Das Verfahren des Filterns von Kaffee kam erst Anfang des 20. Jahrhunderts auf, auch wenn es bereits seit dem 18. Jahrhundert immer wieder Versuche gab, den Kaffeesatz schon beim Aufbrühen herauszufiltern.

Kaffee wurde entweder aufgekocht oder direkt aufgebrüht. Beim Aufkochen gab man den Kaffee in kaltes Wasser und kochte ihn dann auf, beim Aufbrühen übergoss man den Kaffee mit heißem Wasser. Bei beiden Verfahren blieb der Kaffeesatz in der Kanne.[18] Dieses machte ein Trinkver-

fahren sinnvoll, das im 18. Jahrhundert allgemein üblich war: Um Satz oder Blätter vom Getränk zu trennen, goss man das Getränk vorsichtig aus der Tasse in die Unterschale und schlürfte das Getränk aus der hochbordigen Schale. Satz oder Blätter blieben in der Tasse zurück. In einer Schale, der Spülkumme, spülte man Tasse oder Unterschale aus. Etwa seit Mitte des 18. Jahrhunderts galt diese Art des Trinkens an den Adelshöfen als „bäurisch", doch ganz kam diese Sitte erst seit Anfang des 19. Jahrhundert außer Mode, vielleicht im Zusammenhang mit der Entwicklung der Kaffeemaschinen.[19]

Das zum Genuss der neuen Heißgetränke verwendete Geschirr dürfte im 18. Jahrhundert nur in wohlhabenden Haushalten, zu denen auch die bäuerliche Oberschicht zählte, aus Porzellan gewesen sein. Alltagsgeschirr war zu dieser Zeit vermutlich aus Irdenware. Mitte des 19. Jahrhunderts waren einfache Geschirre aus Porzellan jedoch schon so preiswert, dass sie selbst in unterbäuerlichen Schichten verbreitet waren.[20]

Während in den Städten bereits seit der zweiten Hälfte des 18. Jahrhunderts Kaffee und - seltener - Teetafeln bei so genannten „Visiten" nachgewiesen werden konnten, kamen diese im ländlichen Raum in Norddeutschland erst in der ersten Hälfte des 19. Jahrhunderts in Mode. In den Städten, wie beispielsweise in Göttingen waren in Honoratioren- und Studentenkreisen die sonntäglichen Besuche, die mit ausgiebigem Kaffeekonsum verbunden waren, verbreitet.[21] In den Dörfern besuchten sich häufig Familien gegenseitig und tranken dabei vorwiegend große Mengen Kaffee. In den begüterten bäuerlichen Schichten der Bevölkerung wurde dabei echter Bohnenkaffee ausgeschenkt. Es ist hier festzuhalten, dass sich die damalige Zubereitung des Bohnenkaffees deutlich von heutiger Praxis unterscheidet, denn es wurde wenig Kaffeepulver mit sehr viel Wasser aufgesetzt. Berechnungen anhand historischer Quellen gehen von einer bis zu achtfachen Wassermenge auf die gleiche Menge Kaffeepulver im Vergleich zu heutigen Gewohnheiten aus.

Somit kann man davon ausgehen, dass große Quantitäten bei schlechter Qualität getrunken wurden. Heute würde man bei einem solchen Kaffee sicherlich despektierlich von „gefärbtem Wasser" sprechen. Der Geschmack von schwachem Kaffee wird die ersten Generationen von Kaffeegenießern geprägt haben und bessere Qualitäten blieben zumindest für die unteren Schichten der Bevölkerung noch lange Zeit Utopie.[22] Es ist allerdings nicht davon auszugehen, dass in den bäuerlichen Schichten nur selten echter Bohnenkaffee und häufig Ersatzkaffee getrunken wurde. Zwar bedarf es für eine genaue Analyse der Art des verwendeten Kaffees noch kleinteiliger Untersuchungen, jedoch läßt sich heute bereits durch Quellen nachweisen, dass auch während des 18. und 19.

Am 13. April 1807 portraitierte der Silhouetteur Ferdinand Trümpelmann in Celle eine bürgerliche Familie in modischer Empire-Kleidung. Auf dem runden Tisch, der mit Flussperlen reichlich verziert ist, steht Kaffeegeschirr, das zeitgenössischem Porzellan etwa aus der Porzellanmanufaktur Fürstenberg verblüffend ähnelt (vgl. S. 18).

Jahrhunderts durch alle Bevölkerungsschichten eine große Menge echten Bohnenkaffees konsumiert worden ist. Die verbrauchte Menge an Surrogaten scheint diesen Quellen zufolge deutlich geringer gewesen zu sein. Ein Indiz für einen hohen Verbrauch echten Kaffees bilden die zahlreichen Verbotsversuche Norddeutscher Landesherren in der 2. Hälfte des 18. Jahrhunderts, die ohne diesen Hintergrund sinnlos gewesen wären. Hinzu kam sicherlich auch das Streben der Bevölkerung nach dem Genuss des Originals, das eine gewisse Exklusivität versprach.[23]

Der Preis von Kaffee und Tee scheint darüber hinaus Anfang des 19. Jahrhunderts im Vergleich mit dem vormals ge-

nutzten Hauptgetränk, dem Bier, nicht überdurchschnittlich hoch gewesen zu sein. Im Gegenteil war der veranschlagte Bierkonsum im direkten Vergleich deutlich teurer, betrachtet man das jeweilige Flüssigkeitsvolumen. Hieraus wird deutlich, dass Kaffee und Tee eigentlich keine Luxusgetränke mehr waren, was auch die große Verbreitung in den unteren Schichten der Bevölkerung erklärt. Begünstigt wurde die Übernahme von Kaffee und Tee auch durch die starke Ausbreitung des Branntweingenusses, der als berauschendes Getränk schnell das damals minderwertige, leichte Bier ablösen konnte.[24]

Mit der Etablierung von Kaffee und Tee im Laufe des 18. Jahrhunderts ging ein grundlegender Wandel der Ernährungsgewohnheiten einher. Während noch im 17. Jahrhundert Breispeisen, Suppen und Eintöpfe aus Getreide, Gemüse und Obst die Ernährung prägten, erlangte im Laufe des 18. Jahrhundert das Brot, das es vorher nur als Beilage und zu Zwischenmahlzeiten gab, eine zentrale Bedeutung in der Ernährung der Bevölkerung. Als Getränke reichte man Kaffee oder Tee zum Brot, das mit Butter und Brotaufstrich verfeinert wurde. Die neuen Heißgetränke konsumierte man häufig zum Frühstück, nach dem Mittagessen, gelegentlich auch zu den Zwischenmahlzeiten oder zum Abendessen, das nun zum „Abendbrot" wurde. Lediglich das Gesinde und die untersten Schichten der Bevölkerung verzehrten weiterhin und auf längere Sicht Breispeisen. Schlüsselt man die neuen Nahrungsgewohnheiten nach den Sozialschichten auf, so ergibt sich Anfang des 19. Jahrhunderts für weite Teile Norddeutschlands folgendes Bild: Die Oberschicht nimmt als feste Nahrung Fleisch, Gemüse, Obst, Kartoffeln und Brot zu sich und trinkt dazu Wein, gutes Bier, Kaffee und Tee. Die Mittelschicht ernährt sich im Unterschied dazu von weniger Fleisch und trinkt billigeren Wein, Bier und Kaffee. Die Unterschichten ernähren sich überwiegend von Kartoffeln, Mehlspeisen, Brot und nur selten Fleisch und trinken Wasser, Branntwein, dünnes Bier und dünnen Kaffee, der zum Teil aus Surrogaten besteht. Zumeist verteilen sich fünf Mahlzeiten über den Tag. Neu dabei ist, dass Frühstück, Zwischenmahlzeiten und Abendessen vorwiegend mit kalten Speisen angerichtet sind, zu denen nun die neuen Heißgetränke getrunken werden. Einher mit der Einführung von Tee und Kaffee ging auch ein erhöhter Zuckerverbrauch. Das Brot wird zum Hauptbestandteil der neuen Ernährungsgewohnheiten. In den meisten Haushalten des 19. Jahrhunderts gab es nicht nur zum Frühstück, sondern auch noch zum zweiten Frühstück, zur Vesper am Nachmittag und zum Abendessen Kaffee.[25]

So ist festzuhalten, dass sich das Essverhalten der Bevölkerung im Laufe des 18. Jahrhunderts völlig umkehrte. Während vorher zu warmen Speisen kalte Getränke serviert wurden, isst man nun kalte Speisen mit warmen Getränken.[26] Dieser Wandel der Ernährung zog weitere Veränderungen nach sich, so musste nun häufiger gebacken werden, was an der Errichtung und Ausstattung von Backhäusern bis heute ablesbar ist. So wurde beispielsweise 1744 im Herzogtum Braunschweig-Wolfenbüttel von Herzog Carl I. die Abschaffung der Einzelbackhäuser auf den Höfen zugunsten von zentralen Dorfbackhäusern angeordnet, um den hohen Holzverbrauch durch die häufig betriebenen Einzelbackhäuser zu verringern, denn der Herzog brauchte das Holz als Rohstoff zur Energiegewinnung für den Betrieb seiner Manufakturen.

## Kaffee und Kaffeeersatzstoffe

Da Kaffee bis heute zumeist über den Seeweg nach Europa importiert werden muss, ist die Versorgung mit Rohkaffee immer auch abhängig von der allgemeinen politischen und wirtschaftlichen Lage innerhalb und außerhalb Europas. Bei einer Verknappung der Rohstoffe in Folge von Kriegen, wirtschaftlichen Notzeiten oder anderweitigen Reglementierungen der Waren wurde vielfach, insbesondere in den weniger

Die Zichorie oder Gemeine Wegwarte, auch Hundsblume genannt, wächst als 30-130 cm hohe Staude wild an trockenen Wegrändern und bildet im Juli, August hellblaue bis weiße Blüten. Als Wurzelzichorie gezüchtet verwendet man sie als wichtigste Pflanze zur Herstellung von Ersatzkaffee. Nach der Ernte werden die Zichorienwurzeln getrocknet, gedarrt und wie Kaffee geröstet, um anschließend zu Pulver zermahlen zu werden.

Seit 1797 gelangte Gerstenkaffee aus Magdeburg in den Handel. Doch erst die industrielle Mälzung, bei der die Getreidestärke in Zucker karamelisiert, erbrachte ein wohlschmeckenderes Getränk als trocken geröstetes Getreide. Pfarrer Kneipp förderte die Produktion als Gesundheitskaffee, ab 1896 wurde „Kathreiner's Kneipp Malzkaffee" zum Erfolg.

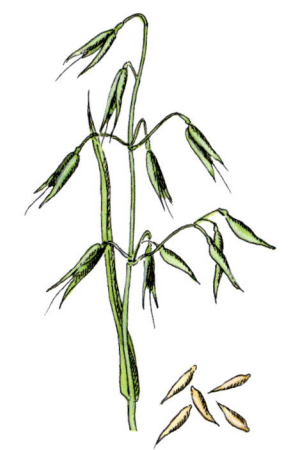

Haferkaffee hat eine besonders nährende Wirkung. Wie bei allen anderen Surrogaten wird die Bitternis durch Rösten durch die Umwandlung von Stärke in Zucker gemildert, zugleich sorgt die Röste für eine braune Färbung; beides erinnert zumindest an echten Kaffee.

## *"Hier können Familien Kaffee kochen"*
## AUSFLUGSGASTSTÄTTEN UND CAFÉS AUF DEM LANDE

Ausgangs des 18. Jahrhunderts entstanden die ersten Ausflugslokale im Grünen. Im Umland von Göttingen etwa auf der Burgruine Plesse, in Bovenden und Eddigehausen, die damals hessisches Ausland waren; zur Freude der Studenten galten daher hier die hannoverschen Verbote für Glücksspiel oder Duelle nicht.[1] An anderen Orten waren der Tiergarten in Hannover, Zum Brockenblick bei Hildesheim oder der Grüne Jäger bei Braunschweig ebenso beliebt.

Diese Ausflugslokale mit reizvollen Gartenanlagen, befanden sich in unmittelbarer Umgebung der Städte und in der Nähe von landschaftlich reizvollen Punkten, die durch Spaziergänge erreichbar waren.[2] „Hier können Familien Kaffee kochen" verkündeten Schilder am Eingang: Für wenig Geld konnte man in den Ausflugslokalen heißes Wasser und Geschirr bekommen, um den mitgebrachten Kaffee aufzubrühen und den Kuchen zu verzehren. Der Verkauf des einen oder anderen Bieres oder einer Limonade verschafften den Wirten weiteren Umsatz.

Als Folge des bürgerlichen Strebens nach Naturerfahrungen und Idylle entstanden in der Nähe von Städten sogenannte Klublokale, die sich oft in einem Bauernhaus befanden. Zentrale Bedeutung besaß das offene Herdfeuer. Draußen gab es eine Gartenwirtschaft und manchmal eine Kegelbahn. Der Zugang war zunächst der höheren Gesellschaft der benachbarten Städte vorbehalten. Mit einiger zeitlicher Verzögerung schlossen sich jedoch die Honoratioren der ländlichen Regionen diesem Trend an. Die einfache Landbevölkerung blieb jedoch in ihren Schankwirtschaften und hatte kaum Kontakt zu den Städtern in ihren Kaffeewirtschaften.[3]

Kramladen in einem nordwestdeutschen Dorfkrug, um 1910.

Parallel zu den Kaffeewirtschaften gab es seit alters her Gasthäuser in Bauernhöfen, in denen die Getränke in der zentralen Küche, dem Flett, oder seit dem 19. Jahrhundert in einer abgeteilten Stube ausgeschenkt wurden. Manchmal betrieben diese „Gasthöfe" auch eine eigene Brauerei oder Kornbrennerei. Ende des 19. Jahrhunderts wurden sie häufig umfangreich mit separaten Gasträumen umgebaut und erhielten einen Sommergarten. Die Ära der Kaffeewirtschaften auf dem Lande ging Ende des 19. Jahrhunderts zu Gunsten der Gasthäuser zu Ende.[4]

In den Kaffeewirtschaften und Gasthäusern entstanden in der 2. Hälfte des 19. Jahrhunderts häufig „Kramläden" in denen sich die Dorfbevölkerung mit Kolonialwaren, darunter auch Tee und Kaffee versorgen konnten.

Diese Entwicklungen lassen sich auch an der Stadt Holzminden gut nachweisen. Hier gab es einige wenige Gaststätten, die bereits aus dem 18. Jahrhundert oder noch älteren Ursprungs waren, wie etwa der Ratskeller, das „Buntrock" (1714) oder „Zu den drei Kronen" (18. Jahrhundert). Die überwiegende Zahl der Gaststätten entstand in Holzminden in der 2. Hälfte des 19. Jahrhunderts, Cafés wurden erst seit den 1890er Jahren in der Holzmindener Innenstadt eingerichtet. Außerhalb der Stadt, an den Wegen in den Solling, gründeten sich seit Ende der 1860er Jahre einige Ausflugsgaststätten wie der „Grüne Jäger" am Pipping (1868) oder das „Waldschlößchen" im Rumortal, die von sonntäglichen Spaziergängern und seit Ende des 19. Jahrhunderts auch von Touristen besucht wurden. Unter den Gaststätten in Holzminden finden sich Ende des 19. Jahrhunderts auch einige Gartencafés und Gaststätten mit Biergärten.[5]

begüterten Schichten der Bevölkerung, auf Ersatzstoffe zurückgegriffen. Spätestens seit der Mitte des 18. Jahrhunderts hatten sich Tee und Kaffee soweit in der Bevölkerung durchgesetzt, dass keiner mehr auf diese Genussmittel im Alltag verzichten wollte. Surrogate mussten vor allem in Notzeiten genommen werden. In Zeiten knapper Rohstoffe und finanzieller Engpässe versuchte man entweder über illegale Wege, wie den Warenschmuggel über Grenzen oder auch durch den Ersatz der Rohstoffe die Versorgung mit den Konsumgütern aufrecht zu erhalten. Vor allem beim Kaffee wurde immer wieder versucht, diesen durch Ersatzstoffe zu kopieren oder die Menge durch Zusatzstoffe zu strecken. Hierbei wurden eine Vielzahl von Stoffen verwendet. Bereits in den 1680er Jahren erschienen erste Publikationen, die sich mit Kaffeeersatzstoffen beschäftigten. In den Blickpunkt weiter Teile der Bevölkerung kamen die Ersatzstoffe erst im Laufe des 18. Jahrhunderts, nicht zuletzt durch die erwähnten Reglementierungen von Seiten der Staaten, die im damaligen merkantilistischen Wirtschaftssystem versuchten, ihre Binnenwirtschaft möglichst unabhängig von Importen zu halten. So wurde die Suche nach Ersatzstoffen für Kaffee und Tee staatlich gefördert.

Die Zichorie oder Wegwarte ist der bekannteste Kaffeeersatzstoff. Daneben wurde aber, mit unterschiedlicher wirtschaftlicher Bedeutung, auch Kerne und Samen von Pfirsichen, Kirschen, Datteln, Linsen, Erbsen, Kichererbsen, Feldbohnen, Saubohnen, Eicheln, Roß- und Esskastanien, Bucheckern, Haselnüsse, Walnüsse, Sonnenblumenkerne, Johannisbeerkerne, Wasserschwertliliensamen, Spargelsamen, Klebkraut, Lupinen, Mandeln, und Wicken verwendet. Auch viele Getreidesorten wie Roggen, Gerste, Hafer, Reis, Mais, Hirse oder Dinkel wurden genutzt. An Früchten kamen noch Hagebutten, Feigen, Birnen, Äpfel, Wacholderbeeren, Berbisbeeren, Vogelbeeren, Weißdornbeeren vor. An Wurzeln und Knollen benutzte man Skorzoner (Schwarzwurzel), Mohrrübe, Zuckerrübe, Mangold, Runkelrübe, Rote Rübe, Kartoffeln, Erdmandeln, Quecken oder Löwenzahn.[27]

Die Verbreitung dieser Ersatzstoffe war regional sehr unterschiedlich, größere Bedeutung als Kaffeeersatz besaßen lediglich Zichorienkaffee und Getreidemalz. Alle

Eicheln werden als Kaffeeersatz erstmals 1774 erwähnt. Eichelkaffee war im 19. Jahrhundert besonders ein Kindergetränk. In Milch gekocht, ist er besonders verträglich, das enthaltene Tannin hilft bei Durchfall und Magen-Darm-Verstimmungen. Weil Eicheln bitterer als Kaffee sind, dienten sie gern als Bestandteil von Kaffeeersatzmischungen.

Gerösteten Weintraubenkernen wird ein kaffeeähnlicher Geschmack nachgesagt.

Geröstete und mit Milch aufgekochte Mandeln waren im 18. Jahrhundert als „Damenkaffee" beliebt. Sicher sind die teuer eingeführten Mandeln kein billiger Ersatzstoff für Kaffee gewesen. Mandelmilch wurde gern bei Kaffee- und Teevisiten als Delikatesse gereicht.

Kaffeeersatzstoffe wurden während der Verarbeitung wie „richtige" Kaffeebohnen geröstet und gemahlen, wodurch sich bitterer Geschmack mit der Süße aus der Umwandlung von Stärke in Zucker kombinierte. Neben dem fehlenden Aroma enthielten alle nicht den für Bohnenkaffee wesentlichen Bestandteil Koffein.

Die wichtigste Pflanze aus der Kaffeeersatz hergestellt wurde, die Zichorie (lat. Cichorium), gehört zu einer in Europa beheimateten Pflanzengruppe, die seit der Antike genutzt wird. Erste Berichte über die Nutzung von Zichorien als Kaffeeersatz entstehen in der Mitte des 18. Jahrhunderts. Ein systematischer Anbau erfolgte wahrscheinlich erst um 1770 im Zuge der einsetzenden fabrikmäßigen Herstellung von Zichorienkaffee. Die industrielle Produktion von Zichorienkaffee wurde erstmals 1769 in Holzminden im damaligen Herzogtum Braunschweig aufgenommen. Eine der Begründungen, warum gerade das Herzogtum Braunschweig am Anfang der industriellen Produktion von Zichorienkaffee stand, dürfte neben der privaten Geschichte des Gründers von Heine unter anderem in einer Verordnung Herzog Carls I, von Braunschweig-Lüneburg aus dem Jahre 1764 und der Privilegierung der Fabrik in Holzminden 1769 zu suchen sein.

Als Folge eines Überfalls während des Siebenjährigen Krieges litt Frau Major von Heine, geborene Reichsgräfin von Rantzow, an Gallenfieber zu dessen Therapie ihr von ihrem Leibarzt der Verzehr von Zichorienwurzeln verordnet wurde. Um die Arznei schmackhafter zu gestalten nutzten die von Heines ein bereits bekanntes Rezept zur Herstellung von Kaffeeersatz aus Zichorien. Daraus entstand die Idee einer Zichorienfabrik, die zunächst in Holzminden eingerichtet wurde. Im selben Jahr gründeten von Heine und ein braunschweigischer Hotelier namens Förster gemeinsam eine Zichorienfabrik in Braunschweig. Ob die Fabrik in Holzminden weiter bestand, muss unklar bleiben. Von Heine und Förster erhielten ein Monopol auf den Anbau und die Verar-

Werbeschild für „Kathreiner Malzkaffee," 1930er Jahre.

beitung von Zichorien für das Herzogtum Braunschweig und das Königreich Preußen, scheiterten jedoch nach anfänglichen Erfolgen an finanziellen Schwierigkeiten.[28] Die Zichorienproduktion wurde in der Folgezeit in Braunschweig von anderen Protagonisten weiter vorangetrieben. Wenige Jahre später, bereits 1777, musste sich die Bevölkerung wieder mit Ersatzkaffee beschäftigen, denn durch den Amerikanischen Unabhängigkeitskrieg wurde Bohnenkaffee unbezahlbar. Nun wurde hauptsächlich mit Getreide und Eicheln als Ersatzstoffen experimentiert.[29]

In den folgenden Jahrzehnten setzte sich Ersatzkaffee, vor allem aus Zichorien, in ganz Europa durch. Neben dem Interesse der Landesherren, durch die Beschränkung von Importen möglichst wenig Geld ins Ausland zu transferieren und den damit verbundenen Maßnahmen zur Reglementierung des Kaffeekonsums und zur Förderung der Ersatzprodukte, bewirkte Anfang des 19. Jahrhunderts die Kontinentalsperre während der napoleonischen Kriege eine Verknappung und Verteuerung des Kaffees. Zunächst blieb das Herzogtum Braunschweig, insbesondere seine Landeshauptstadt, das Zentrum der Ersatzkaffeeproduktion. Im Laufe des 19. Jahrhunderts drängten auch andere Länder, wie etwa das Königreich Preußen mit einem Schwerpunkt der Produktion im Magdeburger Raum, auf den Markt. Einen deutlichen Rückgang erlebte die Zichorienproduktion mit dem bereits im 18. Jahrhundert erfundenen, sich jedoch erst jetzt durchsetzenden Malzkaffees

Ende des 19. Jahrhunderts und dem erheblichen Preisverfalls des Bohnenkaffees.[30] In dieser Zeit kam auch die Bezeichnung „Muckefuck" auf, die sich wohl aus dem Französischen von „Mocca faux" („falscher Kaffee"), ableitet. Große Bedeutung erlangte der Malzkaffee, der durch die Mälzung von Getreide vor dem Rösten hergestellt wird, im Zuge der Autarkiebestrebungen während der Nationalsozialistischen Diktatur, vor allem während des Krieges.[31] „Deutscher Kaffee" war zu dieser Zeit die Umschreibung für den Malzkaffee. Marktführer war damals „Linde's Kaffee-Ersatz-Mischung" (Gebr. Linde G.m.b.H., ab 1973 Nestlé Food Service) gefolgt von „Kathreiner Malzkaffee".

Neben der Verwendung von einhundertprozentigem Ersatzkaffee gab es auch immer wieder Beimischungen von Ersatzstoffen zu Bohnenkaffee. Gründe hierfür konnten Zeiten hoher Preise für Bohnenkaffee, aber auch betrügerische Absichten gewesen sein. Immerhin blieb reiner Bohnenkaffee bis nach dem Zweiten Weltkrieg auch weiterhin ein Luxusprodukt und somit begehrtes Objekt für betrügerische Absichten. Dem Erfindungsreichtum waren hier in der Vergangenheit keine Grenzen gesetzt. Als Beispiel für ein betrügerisches Verfahren zur Streckung von Bohnenkaffee sei hier die Beimischung von Zuckerlösung während des Röstvorganges erwähnt. Durch die Karamelisierung der Zuckerlösung erhielten die Bohnen eine glänzende, tiefbraune Farbe und eine Gewichtssteigerung des Kaffeepulvers um bis zu 10% war mit diesem Verfahren möglich. Der Betrug ließ sich auch noch lukrativer dadurch gestalten, dass der Röstvorgang frühzeitig abgebrochen wurde. Dadurch verblieb mehr Flüssigkeit in den Bohnen und es wurde ein höheres Gewicht erzielt. Setzte man hier noch Zuckerlösung ein, so wurde nicht einmal der farbliche Unterschied der Kaffeebohnen durch die kürzere Röstung deutlich. Der Kaffee wurde durch dieses Verfahren allerdings minderwertig. Natürlich lassen sich auch andere Kaffeeersatzstoffe wie Eichelmehl oder Zichorie als Beimischung zu Bohnenkaffee verwenden. So etwas geschah nicht nur in illegaler Absicht. Häufig wurden allerdings auch legal produzierte Mischungen aus echtem Kaffee und Ersatzkaffee angeboten, die billiger als reiner Kaffee waren und den Vorteil besseren Geschmacks und einen leichten Koffeingehalt boten. In vielen Haushalten wurde dann zwischen Feiertags- (echter Bohnenkaffee) und Alltagskaffee (Ersatzkaffee oder Mischung von echtem und Ersatzkaffee) unterschieden.[32]

Zichorien-, Gersten- und Malzkaffee waren weit verbreitete Kaffee-Surrogate. Wichtige Marken, die heute alle zum Nestlé-Konzern gehören, waren seit 1892 Kathreiner Malzkaffee, Linde's Kornkaffee, Kneipp Malzkaffee und ab 1954 der Caro-Kaffee. Caro-Kaffee, der aus Gerste, Malz, Zichorie und Roggen hergestellt wird, war der erste sofortlösliche Surrogatkaffee und verdrängte allmählich nicht-lösliche Marken.

In der DDR wurde in den 1950er Jahren aus dem Kathreiner Malzkaffee-Werk in Magdeburg (seit 1908) die Rösterei „Röstfein." Traditionsmarken wie „Kathreiner Malzkaffee" nach Kneipps Rezept und „Linde" wurden hier hergestellt. Berühmt-berüchtigt wurde der „Kaffee-Mix" mit Roggen und Rübenschnitzeln: Während der „Kaffeekrise" 1976 war aus Devisenmangel Bohnenkaffee als Importprodukt jedoch kaum noch zu erhalten. Mit dem „Kaffee-Mix" wurde eine neue Mischkaffeesorte mit hohem Ersatzkaffeeanteil aus Roggen und Rübenschnitzeln auf den Markt gebracht, die als „Erichs Krönung" berühmt-berüchtigt war. Als einziges Unternehmen von ehemals sieben ostdeutschen Kaffeeröstereien konnte sich die Röstfein GmbH nach der Wende 1990 behaupten. Zum Durchbruch verhalf das hier entwickelte Wirbelschicht-Röstverfahren, mit dem heute wieder Qualitätskaffee produziert wird.

Beim Tee dagegen konnten sich nie Beimischungen durchsetzen. Versuche mit Salbei, Zitronenmelisse, Heidelbeere, Brombeer-, Himbeer- oder Schlehdornblättern blieben erfolglos.[33]

## Warum trinken die Ostfriesen Tee?

Bis weit in das 17. Jahrhundert waren auch in Ostfriesland neben Buttermilch vor allem alkoholische Getränke wie Bier und Wein Alltagsgetränke.[34] Die ersten Teelieferungen nach England sind zwar bereits für 1606/1607 belegt, doch nennenswerte Lieferungen nach Ostfriesland setzen erst im frühen 18. Jahrhundert ein.[35]

Die Bedeutung des Tees für Ostfriesland wird anhand weniger Zahlen aus der zweiten Hälfte des 20. Jahrhunderts besonders deutlich, auch wenn hier allerdings auch darauf hingewiesen werden soll, dass in Ostfriesland bis heute durchaus auch Kaffee konsumiert wird.

Während in den 1970er Jahren des vergangenen Jahrhunderts nur rund 2% der Bevölkerung der damaligen Bundesrepublik Deutschland in Ostfriesland lebten, verbrauchten diese jedoch rund ein Viertel des Tees in Deutschland. Die ostfriesischen Teehauptstädte sind bis heute Emden, Norden und Leer, in denen die großen Teehandelsunternehmen die legendäre „Ostfriesenmischung" herstellen.[36] Diese Mischungen von Bünting, Onno Behrends oder Thiele und Freese sind heute weit über die Grenzen Ostfrieslands bekannt und nicht nur bei Touristen aus anderen Regionen Deutschlands sehr beliebt. Wer in Ostfriesland durch die Supermärkte schlendert und sich die Teeabteilung genauer ansieht, merkt gleich schnell, dass hier die Mengeneinheiten, in denen Tee angeboten wird, sich deutlich von anderen Regionen in Deutschland unterscheiden. Hier findet man nicht nur 250 oder 500-Gramm-Packungen, sondern auch 1 Kilogramm Großpackungen.

Einer der Gründe für die Beliebtheit des Tees in Ostfriesland dürften die schlechten Trinkwasserverhältnisse bis nach dem 2. Weltkrieg gewesen sein, die regelmäßig zu Magen- und Darmkrankheiten führten. Während in den Marschgebieten an der Küste direkt hinter den Deichen, das Grundwasser noch einen leichten Salzgehalt hatte, war das Wasser in den ehemaligen Moorgebieten moorig und im Hinterland, auf der Geest durch schlecht abgedichtete Brunnen und damit verbundene tierische und pflanzliche Einträge teilweise moderig und als Trinkwasser schlecht verwendbar. Alternativ zum Grundwasser nutzten die Ostfriesen, zum Teil bis heute, Regenwasser. Aber auch das war nur im abgekochten oder verarbeiteten Zustand genießbar. Die Ostfriesen lernten frühzeitig, die schlechten Trinkwasserverhältnisse zunächst durch die Verwendung des Wassers zum Bierbrauen, seit dem 17. Jahrhundert durch die Zubereitung von Tee zu kompensieren, wobei das besonders für die Teebereitung sehr geeignete, weiche Regenwasser von Vorteil war.[37]

Ein weiter wichtiger Faktor für die Aufnahme des Tees stellt vermutlich das raue Klima an der Nordseeküste dar. Die klimatischen Bedingungen vor allem im Winter mit Sturm, Kälte und hoher Luftfeuchtigkeit erforderten die spezielle Anpassung durch Kleidung oder fetthaltigere Nahrung. Das Verlangen des menschlichen Körpers nach wärmenden Getränken ist unter diesen Bedingungen stärker als in Regionen mit gemäßigterem Klima.

Förderlich für die Verbreitung des Nationalgetränkes der Ostfriesen dürfte die isolierte geografische Lage Ostfrieslands gewesen sein. Die ostfriesische Halbinsel ist im Norden von der Nordsee, im Westen durch die in ihrem Mündungsgebiet dem Dollart, sehr breite Ems und im Süden durch einen ausgedehnten Moorgürtel begrenzt, der in früheren Jahrhunderten nur schwer zu passieren war. Lediglich im Osten grenzt Ostfriesland an das Oldenburger Land, welches wiederum durch den Jadebusen begrenzt wird. Durch diese geografische Lage hatte Ostfriesland traditionell stark ausgeprägte Handelskontakte in die Niederlande und nach England. Die Ostindienkompanien der Engländer und Niederländer dominierten den Handel mit Tee und Kaffee über lange Zeit, und Ostfriesland profitierte von der Auswanderung niederländischer Kaufleute in das benachbarte Emden.[38]

Ein weiterer Faktor für die Aufnahme des Tees als Grundnahrungsmittel in Ostfriesland dürfte die Einführung und Durchsetzung der Reformation im Laufe des 16. Jahrhundert gewesen sein. Die belebenden und leistungssteigernden Eigenschaften des Tees passten im Gegensatz zum berauschenden Alkohol ideal in die protestantische Ethik der frühen Neuzeit. Die Einflussnahme der Calvinisten im westlichen Teil Ostfrieslands auf die Reglementierung des Alkohols reichte bis hin zu Verboten alkoholischer Getränke, die bis in das 17. Jahrhundert die vorherrschenden Getränke des Alltags waren.[39] Diese „Nüchternheitsbewegung" prägte nicht nur die Aufnahme der neuen Heißgetränke in Ostfriesland, sondern weit darüber hinaus.

Im 16. und 17. Jahrhundert kam zudem die Mode auf, sich mit Gegenständen aus China zu umgeben. Gewürze, Damast, Seide, Tee und Porzellan aus China wurden zu Statussymbolen, die über die Nordseehäfen, darunter auch Emden, eingeführt wurden, so dass die Ostfriesen sehr frühzeitig mit diesen Gegenständen in Berührung kamen. Das zum Teegenuß ideal passende Porzellan kam somit ebenfalls über Emden nach Ostfriesland. Erstaunlich ist allerdings, dass Tee schon frühzeitig in der Bevölkerung Ostfrieslands adaptiert wurde, denn in der Mitte des 18. Jahrhunderts war der Wert des Tees fünffach höher als der des importierten Porzellans.[40]

Somit scheinen eine ganze Reihe von unterschiedlichen Faktoren wie dem ungenießbaren Wasser, das aufbereitet werden musste, über die widrigen Wetterverhältnisse, die engen Beziehungen zu den Niederlanden und die „Nüchternheitsbewegung" bis hin zu Chinamanie die Ursachen für die Verbreitung von Tee in Ostfriesland zu sein.

### Anmerkungen

1 Hermann Kaiser: Der große Durst. Von Biernot und Branntweinfeinden – rotem Bordeaux und schwarzem Kaffee, Cloppenburg 1995, S. 9. Zur Einführung von Tee, Kaffee und Schokolade siehe auch: Karen Richter: Der Weg der Genußmittel nach Europa, in: Der bitter-süße Wohlgeschmack. Zur Geschichte von Kaffee, Tee, Schokolade und Tabak. Texte und Materialien zur Ausstellung im Städtischen Museum, Göttingen 1994, S. 7-15.
2 Freundliche Auskunft der Stadtarchäologie Höxter, Herr Andreas König, MA.
3 Dazu Kaiser: Der große Durst, S. 30.
4 Stadtarchiv Braunschweig, A I 4 Karton 12 Nachlass Tuckermann, unpag., 1678.
5 Niedersächsisches Landesarchiv-Staatsarchiv Wolfenbüttel, 2 Alt 17712, fo. 81-83: Nachlassinventar Hofgerichtsassessor Conring, 1695.
6 Oliver Gradel: Einfuhr, Verbreitung und Gebrauch von chinesischem Exportporzellan. In: Eten un Drinken. Aspekte des Essens und Trinkens in Nordwestdeutschland zwischen 1650 und 1850. Hrsgg. von MUSEALOG. Oldenburg 1998, S. 58-62.
7 Ausgegraben! Göttinger Stadtgeschichte von 1600 bis 1800 im Spiegel neuer archäologischer Funde. Hrsgg. Stadt Göttingen, 2009, S. 48-50.
8 Andreas König: Edelsteine, weißes Gold und exotische Getränke. Sachkultur auf einem frühneuzeitlichen Adelshof in Höxter. unveröfftl. Manuskript 2009. Ich danke Andreas König, Höxter, für die Erlaubnis, das Manuskript verwenden zu dürfen.
9 zitiert nach Reinhard Oberschelp (Hg.): Niedersächsische Texte 1756-1820. Hildesheim 1983, S. 206.
10 Dazu Kaiser: Der große Durst, S. 127 ff. sowie Peter Albrecht: Es geht doch nicht an, dass all und jeder Kaffee trinkt. Kaffeeverbote in der frühen Neuzeit, in: Eva Dietrich, Roman Rossfeld (Hg.): Am Limit. Kaffeegenuss als Grenzerfahrung, Zürich 2002, S. 22-35, hier S. 22 und 33 f.
11 Albrecht, Es geht doch nicht an..., S. 22 ff. und S. 34. - Günter Wiegelmann: Alltags- und Festspeisen in Mitteleuropa. Innovationen, Strukturen und Regionen vom späten Mittelalter bis zum 20. Jahrhundert, Münster 2006, S. 165ff.
12 zitiert nach Reinhard Oberschelp (Hg.): Niedersächsische Texte 1756-1820. Hildesheim 1983, S. 165.
13 zitiert nach Reinhard Oberschelp (Hg.): Niedersächsische Texte 1756-1820. Hildesheim 1983, S. 234.
14 Dazu Kaiser: Der große Durst, S. 127.
15 Peter Albrecht: Wieviel Kaffee tranken die Hannoveraner zwischen 1750 und 1850 denn nun wirklich? In: Karl Heinrich Kaufhold, Markus A. Denzel (Hg.): Der Handel im Kurfürstentum/Königreich Hannover (1780-1850), Stuttgart 2000, S. 139-179, hier S. 178.
16 Dazu Kaiser: Der große Durst, S. 135 ff.
17 Hermann Kaiser: Herdfeuer und Herdgerät im Rauchhaus. Wohnen damals, Cloppenburg ³1988, S. 80 ff.
18 Dazu Kaiser: Der große Durst, S. 140.
19 Dazu Kaiser: Der große Durst, S. 143 ff.
20 Dazu Kaiser: Der große Durst, S. 148.
21 Cornelia Röhlke: „Extra ordinair guter Coffée und Thée nebst guten Cnaster und Holländischen Pfeiffen..." Über Kaffee, Tee, Schokolade und Tabak in Göttingen, in: Der bitter-süße Wohlgeschmack. Zur Geschichte von Kaffee, Tee, Schokolade und Tabak. Texte und Materialien zur Ausstellung im Städtischen Museum, Göttingen 1994, S. 16-38, hier S. 26.
22 Dazu Kaiser: Der große Durst, S. 155 ff. und 158.
23 Dazu Kaiser: Der große Durst, S. 158 ff.
24 Dazu Kaiser: Der große Durst, S. 161.
25 Vgl. dazu: Wiegelmann: Alltags- und Festspeisen S. 171ff. sowie Kaiser: Der große Durst, 163ff.
26 Claudia Nickel: „Unter den hiesigen Nahrungsmitteln verdient das Brot billig den ersten Platz". Veränderungen in der Ernährung der Göttinger Bevölkerung durch die Einführung der Warmgetränke im 18. Jahrhundert, in: Der bitter-süße Wohlgeschmack. Zur Geschichte von Kaffee, Tee, Schokolade und Tabak. Texte und Materialien zur Ausstellung im Städtischen Museum, Göttingen 1994, S. 53-58, hier S. 55 ff.
27 Aufzählung nach Christoph Gerlts: Kaffee und Kaffee-Ersatz, Braunschweig 1991, S. 27f.
28 Vgl. dazu Gerlts: Kaffee und Kaffee-Ersatz, S. 30 f. sowie Kaiser: Der große Durst, S. 132 und Albrecht, Peter: Kaffee. Zur Sozialgeschichte eines Getränks, Braunschweig 1980, S. 7.
29 Gerlts: Kaffee und Kaffee-Ersatz, S. 33.
30 Gerlts: Kaffee und Kaffee-Ersatz, S. 42 ff.
31 Gerlts: Kaffee und Kaffee-Ersatz, S. 51 ff.
32 Gerlts: Kaffee und Kaffee-Ersatz, S. 48 ff.
33 Kaiser: Der große Durst, S. 163.
34 Karl Wassenberg: Tee in Ostfriesland. Vom religiösen Wundertrank zum profanen Volksgetränk, Leer 1991, S. 20.
35 Wassenberg, Tee S. 9.
36 Johann Haddinga: Das Buch vom ostfriesischen Tee, Leer ²1986, S. 117
37 Haddinga, Tee S. 47 ff. und Wassenberg, Tee S. 8.
38 Haddinga S. 48 f. und Wassenberg S. 7ff u. S. 18.
39 Wassenberg S. 20 ff.
40 Haddinga S. 31 f.

### Anmerkungen Ausflugsgaststätten und Cafés auf dem Lande

1 Cornelia Röhlke: „Extra ordinair guter Coffée und Thée nebst guten Cnaster und Holländischen Pfeiffen..." Über Kaffee, Tee, Schokolade und Tabak in Göttingen, in: Der bitter-süße Wohlgeschmack. Zur Geschichte von Kaffee, Tee, Schokolade und Tabak. Texte und Materialien zur Ausstellung im Städtischen Museum, Göttingen 1994, S. 16-38, hier S. 29.
2 Röhlke, Extra ordinair guter Coffée S. 29 ff.
3 Kaiser, Der große Durst S. 220 ff.
4 Kaiser, Der große Durst S. 226 ff.
5 Matthias Seeliger/Stadtarchiv und Stadtmuseum Holzminden (Hg.): Holzmindener Gaststätten – ABC: Hotels und Kaffees, Schank- und Gastwirtschaften vor 1945, Holzminden 1995.

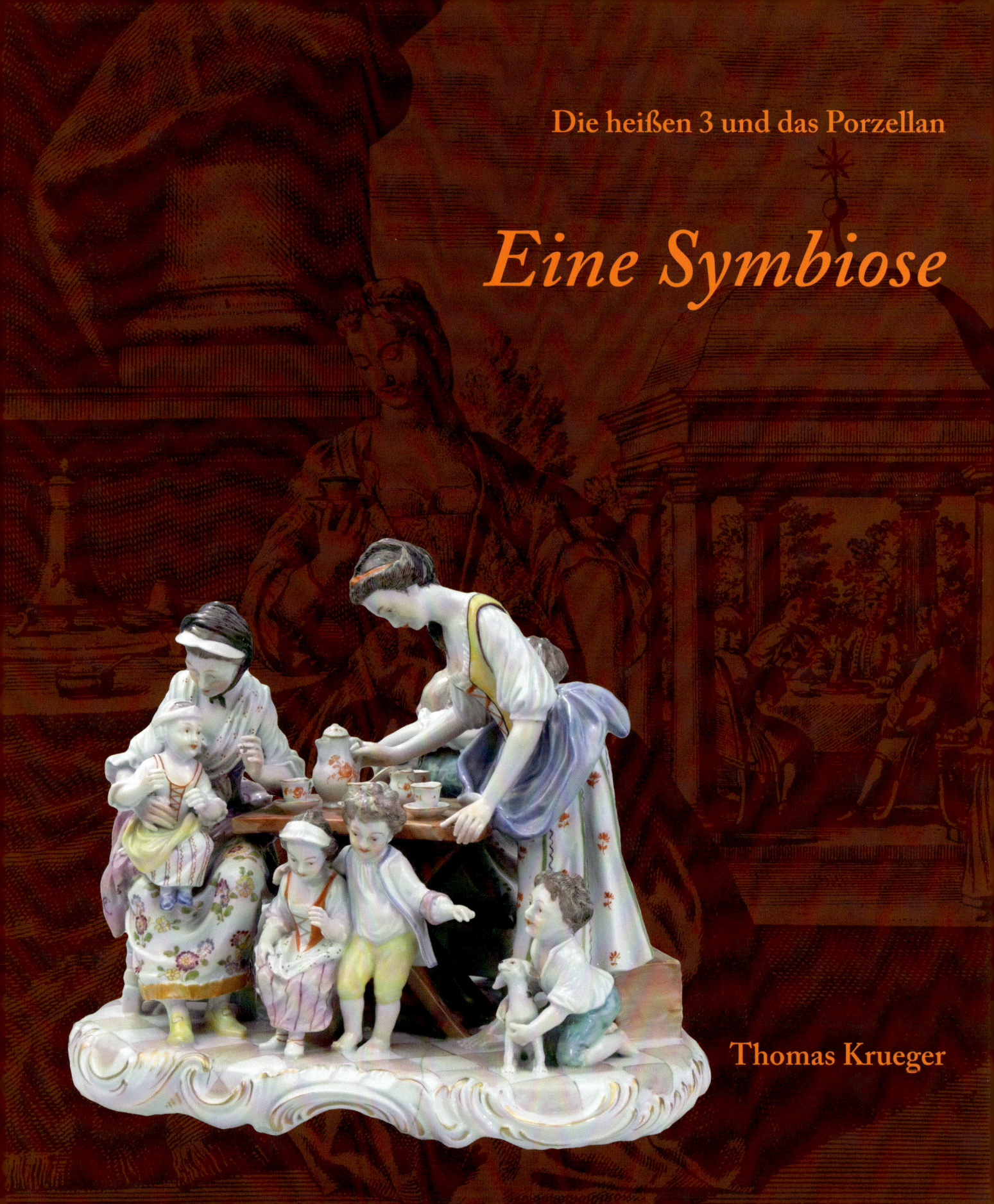

Die heißen 3 und das Porzellan

*Eine Symbiose*

Thomas Krueger

Symbiose - das dauernde Zusammenleben zweier verschiedenartiger Organismen zum gegenseitigen Nutzen. Mit diesem Begriff aus der Biologie könnte man auch das Verhältnis von Porzellan und der heißen 3 umschreiben. Denn zu deren Genuss gehören natürlich auch die passenden Trinkgefäße und so ist heute in jedem Haus Kaffee- und Teegeschirr vorhanden, dienen kleine und große Teller zum Servieren von Pralinen, Schokoladen, Torten und Schokogebäck. Sozusagen als 'geistige Arbeitsgeräte' finden sich Tassen und Becher an nahezu jedem Arbeitsplatz, und selbst die Pappbecher, in denen heute der „Coffee to go" ausgeschenkt wird, haben zum Teil Papphenkel, wie sie die Europäer im 18. Jahrhundert zu den henkellosen Koppchen der Chinesen hinzufügten und damit die Tasse erfanden. Form und Gestaltung von Geschirr spiegelt somit auch den Wandel und die gesellschaftlichen Veränderungen wider, die mit der Innovation und der Entwicklung der heißen 3 einhergingen.

Das Porzellan ist die wohl wichtigste Geräteinnovation, die im Zusammenhang mit der Einführung der heißen 3 in Europa entstanden ist. Bevor man hier Heißgetränke kennen lernte, trank man Kaltes wie Bier und Wein aus Krügen oder Bechern, heiße Speisen wie die allgegenwärtigen Breie wurden aus kleinen Töpfen oder Schalen aus Steinzeug oder Irdenware gelöffelt, luxuriöser waren Zinn-, Messing- oder gar Silbergeschirr. Weil sie Hitze sehr gut leiten, waren Metalle für die Gefäße der heißen 3 ungeeignet. Ein idealer Werkstoff für Tassen und Kannen war dagegen Porzellan. Tassen oder tassenähnliche Gefäße waren jedoch bis zur Einführung der Heißgetränke unbekannt. Die neuen Getränke erforderten also neue Geräte sowohl zur Zubereitung als auch zum Genuss.

### Der Weg des Porzellans

Zusammen mit Tee wurden Porzellantassen ohne Henkel aus China importiert. Bis um 1750 gelangten Hunderttausende dieser „Koppchen" nach Europa, häufig als Ballast unter der Kiellinie der den chinesischen Tee transportierenden Handelsschiffe. Ihre Form prägte die europäische Geschirrproduktion für die neuen Getränke. Die Delfter Fayence-Hersteller kopierten bereits im 17. Jahrhundert sowohl die Formen der kleinen henkellosen Koppchen, als auch deren Dekore.[1] Diese Gestaltung entsprach der damaligen Mode der Chinoiserien, der Vorliebe für Kunstwerke im exotisch-fernöstlichen Stil, sodass sich die europäischen Porzellanmanufakturen noch lange nach Erfindung des Hartporzellans an dieser Gestaltung orientierten

Angeblich hatte der Weltreisende Marco Polo um 1295 das erste chinesische Porzellan mit nach Europa gebracht.[2] Chinesisches Porzellan gelangte in größeren Mengen in der 2. Hälfte des 15. Jahrhunderts wohl über Kairo und Konstantinopel nach Venedig und Genua. Ihre Konsistenz, aber auch die farbenprächtigen Dekorationen, die die Chinesen für ihr Porzellan entwickelt hatten, faszinierte die Europäer. Schon bald versuchten Alchemisten, diese Keramik nachzumachen. Besonders eifrig betrieb dies die Florentiner Familie de Medici, und tatsächlich gelang gegen Ende des 16. Jahrhunderts die Herstellung einer porzellanartigen Keramik, das „Medici-Porzellan", das zwischen 1575 und 1587 mühsam hergestellt wurde. Es war gelblich und musste zum Bemalen erst wie Fayence mit einer weißen Zinnglasur versehen werden.

Die Experimente gingen weiter, ausgehend von Steinzeugen wie der Fayence. Der sächsische Adelige Ehrenfried Walther von Tschirnhaus beschäftigte sich ebenfalls damit, bereiste Italien und das holländische Delft; ab 1694 korrespondierte er mit Gottfried Wilhelm Leibniz in Hannover über die Möglichkeiten der Porzellanherstellung. 1701 war er zu der richtigen Überzeugung gelangt, dass das Geheimnis in der richtigen Verschmelzung bestimmter Erden liegen müsse.

In dieser Zeit war die Chinamode an den Höfen zu einem Höhepunkt gelangt. Es war chic, sich ein Porzellankabinett einzurichten, in dem vielerlei Porzellan bis unter die Decke arrangiert wurde: Die „Maladie De Porcelaine", die Porzellankrankheit war ausgebrochen.

Tschirnhaus wurde vom Kurfürsten von Sachsen und - ab 1697 - König von Polen, August, genannt der Starke, angeworben, nachdem ihm Tschirnhaus 1703 seine Forschungen zur Porzellanherstellung vorgestellt hatte. Tschirnhaus traf

Tasse in Koppchen-Form mit Dekor im chinesischen Stil, Fürstenberg um 1755

Braunschweig-Wolfenbüttel gelang die Nacherfindung des Meißner Hartporzellans. In Fürstenberg wurde zunächst höfisches Luxusporzellan für den Herzog in Braunschweig und andere Höfe produziert.

hier auf Johann Friedrich Böttger, der vom Kurfürsten bereits mit dem Auftrag angeworben worden war, Gold zu machen. Beiden gelang 1708 erstmals die Herstellung eines weißen Porzellans. Tschirnhaus verstarb noch im gleichen Jahr und Böttger setzte die Arbeit fort. 1710 wurde auf der Albrechtsburg in Meißen die erste Porzellanmanufaktur in Europa eingerichtet, 1713 wurde das erste Porzellan auf der Leipziger Messe gehandelt.

Einige Jahre lang konnte das Geheimnis der Porzellanherstellung, das Arkanum, noch verborgen gehalten werden, doch schon 1719 gelangte das Wissen um die Technologie nach Wien. Allerdings verbarg sich hinter dem Arkanum nicht einfach das Rezept der richtigen Mischung verschiedener Erden; das Arkanum bestand vielmehr aus „der Summe aller zur Herstellung des echten Porzellans notwendigen Kenntnisse und Kunstgriffe.“[3] In Italien und Frankreich wurde ebenfalls experimentiert, doch weder in den Manufakturen in Doccia bei Florenz (1738) noch in Vincennes (1738, später nach Sèvres verlegt), noch in Capodimonte bei Neapel (1743) wurde Hartporzellan nach Meißner Technik entwickelt, sie alle produzierten ein steingutähnliches Weichporzellan. Erst 1746 in Höchst bei Frankfurt und ein Jahr später, 1747, in Fürstenberg an der Weser im Herzogtum

### Porzellan als Luxusgut
Aber Porzellan wurde nicht nur nach der chinesischen Mode gestaltet. Silberne Weinkannen, arabische Kaffeekannen und chinesische

Kaffeekanne, Kaffeetasse, Zuckerschale, Fürstenberg um 1760

34

Kaffeekanne mit Blumenmalerei, Fürstenberg um 1765

Teekannen dienten als Vorbilder für die Entwicklung der europäischen Kannenformen. Die Birnform der Kanne selbst ist ebenso typisch für die Zeit des Rokoko wie der Deckelknauf in Gestalt einer Blütenknospe und der Maskaron an der Schnaupe. Hoch angesetzte Schnaupen verhindern, dass Kaffeesatz vom Boden der Kanne in die Tasse kommt, eine tief angesetzte Tülle hindert die oben schwimmenden Teeblätter daran, in die Tasse zu laufen. Schokoladekannen haben meist ein Loch im Deckel, durch das ein Quirl geführt wurde, mit dem das Getränk vor dem Ausschenken aufgerührt werden konnte.

Die Tassen bekamen Henkel, damit man sich an der heißen Tassenwandung nicht die Finger verbrühte. Allmählich entwickelten sich Kaffee- und Teetasse auseinander, die Teetasse wurde breiter als hoch während die Kaffeetasse gleich hoch wie breit und halbkugelig oder - im klassizistischen Stil des ausgehenden 18. Jahrhundert - zylindrisch blieb; die Schokoladentasse war dagegen immer höher als breit.

In der Porzellanmalerei zeigt sich auch deutlich der Zeitgeschmack des Rokoko mit seinen idealisch gestalteten Landschaften, seiner Vorliebe für farbenprächtige Blumen. Sie zeigen sich besonders schön in Szenen, wie sie der französische Maler Jean-Antoine Watteau (1684-1721) geprägt hat: Eine kleine höfisch-galante Gesellschaft verweilt in einer Parklandschaft. Dieses Sujet der „fêtes galantes a lá Watteau" waren im galanten Zeitalter der Mitte des 18. Jahrhunderts sehr beliebt und wurden daher von allen Porzellanmanufakturen adaptiert. Sie spiegeln das halbprivate Leben bei Hofe, wo man sich im kleinen Kreis außerhalb des höfischen Re-

Samowar, bemalt mit einer „fêtes galantes a lá Watteau," Fürstenberg um 1765

glements in lockerer, freundschaftlicher Atmosphäre zu Unterhaltung und Spiel traf – und dabei selbstverständlich die heißen 3 genoss. Der Ort dafür konnte der Park sein, vor allem aber das Boudoir, jener kleine, elegante Damensalon zwischen den öffentlichen und den intimen Gemächern.[4] Als Geschirr diente der aufwendig gestaltete Solitaire für den einzelnen Briefschreiber, zu dem gleich eine passende Schreibgarnitur angeboten wurde, aber auch das kostbare Dejeuner für das vertrauliche Gespräch zu zweit oder das Service für die unterhaltsame Spielrunde. So gesehen spiegelten sich die galanten Gesellschaften in den „Watteau-Szenen" auf ihren Geschirren selbst.

### Porzellan wird bürgerlich

Seit dem letzten Drittel des 18. Jahrhunderts wurde vermehrt einfacheres und billigeres Porzellan für die Bürger hergestellt, viele neue Porzellanmanufakturen entstanden, denn in den rund fünfzig Jahren nach 1760 hatten sich die Kenntnisse der Porzellanherstellung verbreitet. Nun gelangte mehr und mehr Porzellan in die Haushaltungen. Diese kleinen „Fabriquen" produzierten für eine bürgerliche Kundschaft günstiges Porzellan von oft recht grober Qualität. Dabei griffen sie auf die bewährten Formen und Dekore der fürstlichen Manufakturen zurück, die weiter luxuriöses, aber auch einfacheres Porzellan für den größer gewordenen Markt herstellten.[5]

Um 1800 gebrauchten schließlich auch auf dem Lande Beamte, Pastoren, Kaufleute, Akademiker und größere Vollerwerbslandwirte Porzellan in ihren Haushalten, und zwar Kaffee- und Teegeschirr, vor allem Tassen, nur selten aber Tafelgeschirr.[6] Meist war es „weißblaues" und nur wenig „bunt vermaltes" Porzellan, denn nach Weißporzellan war gerade Porzellan mit blauer Unterglasurmalerei am billigsten.[7] Ein einfaches Kaffeeservice kostete 1785 rund 14 Taler, für die teuerste Dekorausführung mit Landschaftsmalerei musste dagegen rund das Vierfache ausgegeben werden.[8] Aufwendig dekorierte Tassen kosteten allein bereits 3 bis 4 Taler.

### Die Geburt der Sammeltasse

Nach 1800 wurde es gerade in bürgerlichen Kreisen Mode, Tassen zu sammeln und sich gegenseitig zu schenken. So konnte man nach und nach eine ganze Sammlung bunter Porzellantassen für die beliebten Kaffee- und Teevisiten zusammenstellen, die es noch dazu erlaubten, bei größeren Gesellschaften den Benutzer einer Tasse unter vielen zu identifizieren. Zum Verschenken kaufte man Tassen mit Sinnsprüchen wie „Der Freundschaft", für besondere Anlässe wurden Tassen gern mit einer Widmung oder Datumsangabe in Auftrag gegeben. Besonders aufwendig waren die Ansichtentassen. Bei der Gesellschaft konnte man so den Gästen voller Besitzerstolz vorführen, welch wertvolles Porzellan im Haushalt vorhanden war. Die Hersteller reagierten auf die Nachfrage mit vielen verschiedenen Modellen, allein die Porzellanmanufaktur Fürstenberg schuf im 19. Jahrhundert an die einhundert verschiedene Tassenmodelle und unzählige schlichte wie aufwändige Dekorvarianten.

Nun drang das Porzellan auch in das Gastgewerbe vor: Der Gastwirt Meyer vom „Preußischen Hof" in Paderborn beispielsweise kaufte 1807 für 8 Taler, 30 Groschen ein weißes Kaffee- und Teeservice für 24 Personen.[9] Allerdings gehörten zu diesem Kaffee- und Teeservice keine Teller, der Kuchenteller unserer Tage ist eine spätere Neuerung.

Tasse mit Ansicht von Schloss Wehrden bei Höxter/Weser, im Hintergrund Schloss und Porzellanmanufaktur Fürstenberg. Fürstenberg um 1850

**1850**

### Porzellan wird Massenware

Die Industrialisierung im 19. Jahrhundert machte auch vor der Porzellanherstellung nicht halt. Neue Techniken ermöglichten neben der hochwertigen Manufakturherstellung eine billige Massenfertigung dekorierten Porzellans; Stahl- und (später) Buntdruck lösten vielfach die Handmalerei ab. Seitdem ist Porzellan in nahezu allen Haushalten zu finden. Für die großen Gesellschaften des Bürgertums wurden nun Service für 8, 12, 18 oder gar 24 Personen mit voluminösen Kannen, Milchgießern und Zuckertöpfen angeboten. Stilistisch suchte man sich seit der Jahrhundertmitte vom industriellen Massenprodukt abzuheben und besann sich bei der Gestaltung auf historische, kunsthandwerkliche Vorbilder, wobei die Stilmerkmale verschiedener Epochen in übertriebener und idealisierter Weise übernommen wurden: Industrieprodukte sollten trotz Serienfertigung nach Kunsthandwerk aussehen. Das Modell „Form Q" der Porzellanmanufaktur Fürstenberg ist nur ein Beispiel für diesen Historismus.

Der hübsche Dekor mit den zwitschernden Schwalben kann sogar sinnbildlich für die beliebten Känzchen verstanden werden, wo bei Kaffee, Tee und Konfekt „die Krähen den Dohlen erzählen, wie schwarz die Raben sind."[10]

**1903**

### Gedeck und Mokkatasse

Die erste Hälfte des 20. Jahrhunderts war die Hochzeit für die seit der Biedermeierzeit in Mode gekommenen, nun erstmals so genannten

Kaffeeservice „Form Q" mit „Schwalbendekor", Fürstenberg um 1880

Sammelgedeck mit Lüsterdekor „Eisvogel", Fürstenberg 1926.

„Sammeltassen". Seit zur Kaffee- und Teegesellschaft auch Kuchen, Torten und die neumodischen englischen Sandwiches gereicht wurden,[11] gehörten auch passende Teller mit auf den Tisch. Fortan wurden die Sammeltassen auch als „Gedeck" mit Kuchenteller angeboten. Die „Kunstabteilung" der Porzellanmanufaktur Fürstenberg bot allein 1926 rund 200

zum Teil sehr hochwertig dekorierte Sammeltassen an, darunter auch die kleinen Mokkatassen. Sammeltassen und Sammelgedecke beherrschten als Teil der Aussteuer noch bis in die 1960er Jahre hinein die Konfirmationstische der jungen Mädchen in Norddeutschland. Doch die teilweise überreich mit Gold oder mit lupenreiner Vogelmalerei in aufwendiger Lüstertechnik verzierten Gedecke dienten mehr als Schaustücke für die häusliche Vitrine als dem Gebrauch. Seit etwa 1930 ermöglichte die neue Technik der Galvanisation, Geschirre billig zu versilbern und ihnen den Anschein von edlem Metall zu geben. Auch sie zeugten bei den Konsumenten von bescheidenem Wohlstand.

1934

### Form und Funktion gleich Design

Zeitgleich fand ein epochaler Wandel in der Gestaltung von Alltagsgütern statt, der sich 1919 in der Gründung des „Bauhaus" in Weimar durch Walter Gropius und andere manifestierte. Unter dem Leitsatz „Kunst und Technik - eine neue Einheit" sollten hier die Möglichkeiten der industriellen Massenfertigung für das Ziel einer funktional und zugleich ästhetisch befriedigenden Gestaltung erarbeitet werden. Dieses Design hatte zum Ziel, die Produkte so zu gestalten, dass sie günstig in großen Stückzahlen hergestellt werden konnten, die Verrichtung der Arbeit erleichterten und der Entspannung dienten. Gutes Design sollte aber nicht nur funktional, sondern auch ästhetisch

Teeservice der Seriengeschirrform Nr. 638, gestaltet von Werksmodelleur Walter Nitzsche, 1934

# MATERIALIEN ZUM GENIESSEN

Für Gefäße von Heißgetränken eignen sich Metall und Glas als Materialien wegen ihrer guten Wärmeleitfähigkeit nur schlecht, denn einerseits kühlen die Getränke darin schnell aus, andererseits kann man sich an ihnen leicht verbrühen. Trinkgefäße für Heißes sollten daher idealerweise aus Keramik bestehen, denn Holz ist nicht geschmacksneutral. Da die Importprodukte Kaffee, Tee und Schokolade bis ins 18. Jahrhundert hinein kostspielige Luxusartikel waren, sollte auch das passende Geschirr aus wertvollen Materialien bestehen. Silber diente schon seit langem als edler Werkstoff für Luxusgeschirr, Weinkaraffen und Weinpokale, aber für Tassen kam es nicht in Frage, man hätte sich die Lippen verbrüht. Bei den Kannen griff man auf einen Kunstgriff zurück, indem man ihnen Griffe aus Bein oder edlen Hölzern aplizierte. Sonst wurden nur Zuckerdosen, Zuckerstreuer und Milchkannen aus Silber gefertigt. Zucker und Milch machten die neuen Getränke genießbarer und nahmen ihnen die Bitternis.

Zucker war ebenfalls ein Luxusprodukt, dessen Genuss Arm und Reich unterschied. Wohlhabende tranken Kaffee und Tee gesüßt und mit Milch. Deshalb gehörten zu den Kaffee- und Tee-Servicen immer auch Zuckerdosen und Milchgießer, die zunächst noch als kleine Kännchen gestaltet waren. Adel und Bürgertum demonstrierten noch um 1800 mit besonders aufwendig gefertigten Zuckerstreuern und Zuckerdosen ihren herausgehobenen Stand. Häufig waren silberne Dosen abschließbar, um zu verhindern, dass die Dienstboten dem Reiz des kostbaren Zuckers erlagen.

Sehr gut geeignet für Tassen waren Fayence oder besser noch Porzellan: Porzellan hat eine hohe Dichte, ist vergleichsweise robust, nimmt weder Geruch noch Färbung an, ist leicht zu reinigen und leitet Wärme nur schwach; überdies bieten seine Plastizität und seine weiße, glatte Oberfläche vielfältige Gestaltungsmöglichkeiten in Form und Dekor.

Fayence, auch Majolika genannt, diente dem Bürgertum als „Porzellanersatz". Dieses helle Steinzeug erhielt eine weiße Zinnglasur und sieht daher Porzellan ähnlich, ist aber undurchsichtig und durch die dicke Glasur grober in den Formen. In Norddeutschland gab es wichtige Fayencemanufakturen in Hannoversch Münden, Wrisbergholzen

und Braunschweig. Ende des 18. Jahrhunderts kam neben Fayence einfaches und günstiges Porzellangeschirr in den Handel, das sich auch einfachere Bürger leisten konnten, so dass die Fayence-Manufakturen nach und nach eingingen.

Als Kaffee und Tee Alltagsgüter geworden waren, gab es die passenden Porzellangeschirre auch in einfacher Ausführung. Am billigsten waren Tassen, so dass sie am meisten verkauft wurden. Auf Porzellankannen verzichtete man eher und wählte solche aus Zinn oder Messing - oder es stand eine „Dröppelminna" auf dem Tisch.

Für den Massenkonsum wurden seit Mitte des 19. Jahrhunderts spezielle, robuste Geschirre mit Portionskännchen, Milchgießern und Zuckerschälchen für das Gastgewerbe entwickelt. Mit den neuen Drucktechniken werden seither auch Porzellangeschirre billig mit Namen und Logos von Gaststätten, Cafés und Hotels versehen. Die Industriedesign-Bewegung optimierte seit den 1950er Jahren die Gestaltungen noch und schuf besonders platzsparende und stapelbare Bewirtungsgeschirre auch für Eisenbahn und Luftfahrt.

Teekessel, 1730 und Rechaud, 1735; Silber, Silberschmied des Teekessels: Bernhard Heinrich Cortnum

Teekanne, Zuckerdose, Milchkännchen, vergoldetes Silber, Silberschmied: Franz Peter Bunsen, 2. Hälfte 18. Jahrhundert

ansprechend sein, wobei die künstlerische Gestaltung der Funktionalität nachgeordnet war: „form follows function".[12] Zu den wichtigsten Schülern des Bauhauses, die bahnbrechende Arbeiten auch im Porzellandesign vorlegten, gehörten Wilhelm Wagenfeld, Hermann Gretsch, Marguerite Friedländer, Trude Petri und Hubert Griemert.[13] Wilhelm Wagenfeld (1900-1990) gestaltete für die Porzellanmanufaktur Fürstenberg das Seriengeschirr Nr. 639, das zu den Wegbereitern des modernen Porzellandesigns gezählt. Kurz zuvor hatte der Werksmodelleur Walter Nitzsche bereits der neuen Lehre folgend das Geschirr Form 638 entworfen.

### Die Fünfziger Jahre

Nach dem Zweiten Weltkrieg wurden die fortschrittlichen Ideen des Industriedesigns fortgeführt und in die ästhetische Sprache der Zeit übertragen. 1952 gestaltete Walter Nitzsche die Form Nr. 654 „Fürstin", die vor allem mit der seit den 1930er Jahren beliebten Elfenbein-Glasur und Mattgoldrändern weite Verbreitung

Kaffeegeschirr Nr. 677 „Form F" mit Ceramglasur, Fürstenberg 1971

fand. Avantgardistisch dagegen mutet das Teegeschirr „Form A" an, das der Braunschweiger Silberschmied und Professor an der Hochschule für Bildende Künste, Bodo Kampmann, 1956 für die Porzellanmanufaktur Fürstenberg entwarf.

Teegeschirr Form A, Fürstenberg 1956

Weitere Designer entwickelten moderne Porzellanformen. 1971 etwa trat Ernst August Sundermann, seit 1963 Leiter der Entwicklungsabteilung der Porzellanmanufaktur Fürstenberg, mit der Geschirrform 677, „Form F", hervor. Sundermann, Schüler Hubert Griemerts, verstand sich als Industriedesigner, den am Porzellan vor allem die technischen Möglichkeiten und Herausforderungen reizten, die dieses Material in der seriellen Fertigung gegenüber anderen Keramiken hat. Für die Form F und andere Modelle entwickelte er mit Technikern aus der Feinkeramik eigene Ceram-Glasuren, die dem farbenfroh-poppigen Zeitgeschmack der Jahre um 1970 auch auf Porzellan entgegen kamen.

### Heute

Heute reagieren die Porzellanproduzenten mit passenden Tassen auf die Vielfalt der neuen Kreationen aus Kaffee, Tee und Schokolade. Zugleich scheint die Kaffeekanne im Zeitalter von Portionsautomaten als eigenständiger Formentyp zu verschwinden, Kannen werden nun multifunktional für Tee wie Kaffee gestaltet. So bleiben aber auch in der Zukunft Porzellan und die heißen 3 in symbiotischer Verbindung.

**Anmerkungen**

1 Größere Verbreitung außerhalb der fürstlichen Höfe hatte chinesisches Porzellan im späten 17. und im 18. Jahrhundert nur in Küstennähe. Vgl. Oliver Gradel: Einfuhr, Verbreitung und Gebrauch von chinesischem Exportporzellan. In: Susanne Bosch-Abele u.a.: Eten und Drinken. Aspekte des Essens und des Trinkens in Nordwestdeutschland zwischen 1650 und 1850. Oldenburg 1998, S. 58-62. - Vgl. bspw. zur Verbreitung von chinesischem Porzellan in einer kleinen Stadt wie Göttingen Bernd Wedemeyer: Coffee de Martinique und Kayser Thee. Archäologisch-volkskundliche Untersuchungen am Hausrat Göttinger Bürger im 18. Jahrhundert. Göttingen 1989.

2 Das Folgende nach Friedrich H. Hofmann, Das Porzellan der europäischen Manufakturen im 18. Jahrhundert. Eine Kunst- und Kulturgeschichte. Berlin 1932. - Michael Newman: Die deutschen Porzellan-Manufakturen im 18. Jahrhundert, 2 Bde. Braunschweig 1977.

3 Hofmann, Porzellan, S. 71.

4 Vgl. Beatrix Ffr. von Wolff Metternich: Kaffee und Negligé. In: Dies., Ulla Heise (Hg.): Coffeum wirft die Jungfrau um. Kaffee und Erotik in Porzellan und Grafik aus drei Jahrhunderten. Leipzig 1998, S. 47-55.

5 In Thüringen: Wallendorf, Kloster Veilsdorf, Gotha, Ilmenau, Großbreitenbach, Gera, Rauenstein, Blankenhein, Tettau, Eisenberg, Pößneck. In Böhmen: Rabensgrün, Schlaggenwald. In Oberfranken: Hohenberg an der Eger. – Vgl. Antoinette Faÿ-Hallé, Barbara Mundt: Europäisches Porzellan vom Klassizismus bis zum Jugendstil. Stuttgart 1983, S. 66 ff., S. 77f.

6 Vgl. Thomas Krueger: Die Vertriebswege von Fürstenberger Porzellan zu Anfang des 19. Jahrhunderts. In: Ders., Karl-Heinz Ziessow (Hg.): Die gute Stube. Cloppenburg 2004, S. 95-115.

7 Vgl. Thomas Krueger: „Coffeemühle, Coffeebrenner, 6 Tassen Fürstenberger bleu und weiße." Zubereitung und Genuss von Kaffee im 18. und 19. Jahrhundert. In: Ulla Heise, Thomas Krueger (Hg.): Kaffee privat. Porzellan, Mühlen und Maschinen. Hohenberg 2002, S. 60-73. – Vgl. auch Bernd Wedemeyer: Wohnverhältnisse und Wohnungseinrichtung in Göttingen im 18. und in der ersten Hälfte des 19. Jahrhunderts. Göttingen 1992, S. 171-184 u.ö., zu Porzellanpreisen S. 192f.

8 Preiscourant der Porzellanmanufaktur Fürstenberg im „Journal für Deutschland," 1. Stück, 1785, nach S. 96.

9 Schuldbuch „Kladde Lit. D" (1804-1807), Archiv der Porzellanmanufaktur FÜRSTENBERG.

10 Peter Albrecht: „Oh Kaffeekränzchen, so hehr und groß ... wo Du nicht tagst, dort ist nichts los!" Betrachtung einer höchst „privaten" Veranstaltung. In: Heise, Krueger (Hg.), Kaffee privat, S. 36-51.

11 Man vergleiche nur die leckeren, aber mächtigen Rezepte, die der bayerische Hofkoch Johann Rottenhöfer veröffentlichte in seinem Buch: Der elegante wohlservirte Kaffee- und Thee-Tisch mit Abbildung der Kaffee- und Theepflanze und mehrerer der neuesten Kaffee-Kochapparate. München 1864.

12 Vgl. allgemein Gert Selle: Geschichte des Design in Deutschland. Frankfurt 1994. – Wolfgang Schepers, Peter Schmitt (Hg.): Das Jahrhundert des Design. Geschichte und Zukunft der Dinge. Frankfurt 2000.

13 Vgl. Karl H. Bröhan, Dieter Högermann (Bearb.): Kunst der 20er und 30er Jahre. Sammlung Karl H. Bröhan, Bd. 3: Gemälde, Skulpturen, Kunsthandwerk, Industriedesign. Berlin 1985.

## HOLLA! FIENE THEETASSEN, MELCKPÖTTE, CAFFETASSEN

Die Porzellanmanufaktur Fürstenberg vertrieb ihre Waren über „Commissionshändler."[6] Bei diesen Grossisten kauften Kleinhändler ein, die mit der Ware über Land zogen. Häufig pendelten sie je nach Saison, Angebot und Nachfrage mit verschiedenen Produkten, verkauften hier z.B. Strümpfe und kauften zugleich Garn und Bänder ein. In vielen Zeitschriften finden sich Annoncen von „Materialisten", die ihre zeitweilige Anwesenheit mit bestimmten Waren in der Stadt ankündigten.

In Göttingen hielt 1744 der Kupferstecher Heumann diese Straßenhändler bildlich fest. Einer dieser Stiche zeigt einen recht gut gekleideten Händler - keinen Bauern -, der Geschirr vor einem offenbar herrschaftlichen Haus anbietet; den gleichen Stich gibt es noch mit dem Ausruf „Holla! fiene Teetaßen, Melckpötte." Offenbar gab es in der jungen Universitätsstadt eine Käuferschicht für diese Luxuswaren, hier sicherlich Fayence-Geschirr aus einer der umliegenden Manufakturen.

Göttinger Ausruf
Georg Daniel
Heumann
Caffetassen, 1744

Kaffeehäuser in Hannover

# Lehrstätten eines gewählten Gesprächs und einer feinen Geselligkeit [1]

Andreas Urban

*„Dann sucht man einen simplen Stall /*
*Oder ein Caféhaus /*
*Und schwätzelt, wie ein Wasserfall"*

Jakob van Hoddis, 1912/13

### Erste Meldungen: Kaffee in Hannover

Das Wirtshausschild des 1702 eröffneten „Café Electoral" zeigte das Porträt des Kurfürsten Georg Ludwig, eine Anspielung auf die wenige Jahre zuvor erworbene Kurfürstenwürde des hannoverschen Herrscherhauses. Der Name des Lokals brachte auf diese Weise die Verbindung dieses ersten hannoverschen Kaffeehauses zur adligen Hofgesellschaft zum Ausdruck. Der Kontakt mit den schwarzen, bitter schmeckenden Bohnen erfolgte zunächst über den kurfürstlichen Hof, genauer über die wenig friedvolle Begegnung mit dem Orient im Rahmen der Türkenkriege im späten 17. Jahrhundert. Es wird berichtet, dass eine der Hofdamen 1697 einen „Beutel cavé" aus der Beute eines eroberten Türkenlagers geschenkt bekam und dass ein „erbeuteter" Türke am hannoverschen Hofe namens Saly mit dem Kochen von Kaffee, Tee und Schokolade betraut war.[2]

Diese ersten Hinweise auf den Genuss von Kaffee in der Residenzstadt Hannover an der Schwelle zum 18. Jahrhundert sind Belege für Fremdheitserfahrungen, die auf einen exklusiven Kreis von Personen beschränkt blieben. Der „Türkentrank" wurde zu Beginn des 18. Jahrhunderts als Apothekerware gehandelt, also als kostspieliges Luxusprodukt.[3] Aber schon die im Zeitraum von Mai 1790 bis Mai 1791 für die Leineschifffahrt dokumentierte Transportmenge von 2.091 Zentner Kaf-

fee verdeutlicht, dass die hannoversche Bevölkerung im Laufe des 18. Jahrhunderts Kaffee in zunehmendem Maße in ihre Lebensgewohnheiten integriert hatte. Burchard von Spilcker meinte, dass er „seit 1750 allgemeiner genossen" und bereits 1819 als „sehr beliebtes Getränk" geschätzt wurde.[4]

Die eigentliche Zeit der hannoverschen Kaffeehäuser begann erst in der Mitte des 18. Jahrhunderts, als vor allem aus der Schweiz eingewanderte Zuckerbäcker Konditoreien mit Kaffeeausschank eröffneten. Nicht zuletzt diesen innovativen Lokalen, die eine moderne Kultur der Bewirtung und des Getränkekonsums begründeten, verdankte Kaffee seine Popularität. Der „gesellschaftsbildende Kaffee"[5] war Namensgeber für eine neue Facette des Gastgewerbes, die das Spektrum der Unterhaltungsstätten bereicherte. Zugleich wurde Kaffee auf diesem Wege zu einem Volksgetränk.

### Frühe Kaffeehäuser in Hannover

1797, also zu einem Zeitpunkt, als nicht nur die besser situierten Hannoveraner bereits Bekanntschaft mit dem exotischen Getränk gemacht hatten, gab der kurhannoversche Polizeikommissar Woempner seiner vorgesetzten Behörde einen aufschlussreichen Bericht über einige Einrichtungen dieser Art in der Residenzstadt: „Es haben sich seit verschiedenen Jahren mehrere fremde Conditer allhier etabliret, die außer den Confect-Waaren allerley Gebackenes feil haben, Thee, Chocolate und Kaffee, besonders aber Liqueurs, Punsch, Bischof und dergleichen feine hitzige und sehr theure Getränke schenken; dabey Spiel, Billard und ein öffentliches Haus, halten, welches jedoch von einem ordentlich eingerichteten Kaffeehause noch sehr abweicht. … Diese durch Spiel, reit-

Kaffeegesellschaft, kolorierter Kupferstich aus dem Stammbuch von Georg Ludwig Cörber, Hannover, angelegt in Göttingen im Februar 1751

zende Getränke, muntere Gesellschaft, und freyer Umgang mit allerley Personen von verschiedenen Ständen und Alter anlockende Conditer-Wirtschaften, verleiten die Jugend zur Verschwendung, zur Nascherey, zum Genuß hitziger Getränke und zu Annahmung eines unziemenden Tons, giebt ihr dabey eine Richtung, wovon sich der Staat in der Folge, gewiß nicht viel Gutes, noch weniger Vortheil und Nutzen zu versprechen hat." Woempner empfahl seinen vorgesetzten Geheimen Räten, „dass die Anzahl solcher Spiel haltender

Eine von Woempner durchaus hellsichtig erkannte Besonderheit des Kaffeehauses bestand darin, dass es sich dabei um einen öffentlichen, im Prinzip jedermann zugänglichen gesellschaftlichen Treffpunkt handelte. Zwar gab es hinsichtlich des Publikums soziale Differenzierungen; im Grunde standen die Kaffeewirtschaften aber allen, die es sich leisten konnten, offen. Stammtische und Clubs in gemieteten Hinterzimmern der Kaffeehäuser stellten dieses Grundprinzip keineswegs in Frage, deuteten allenfalls auf das Bedürfnis ge-

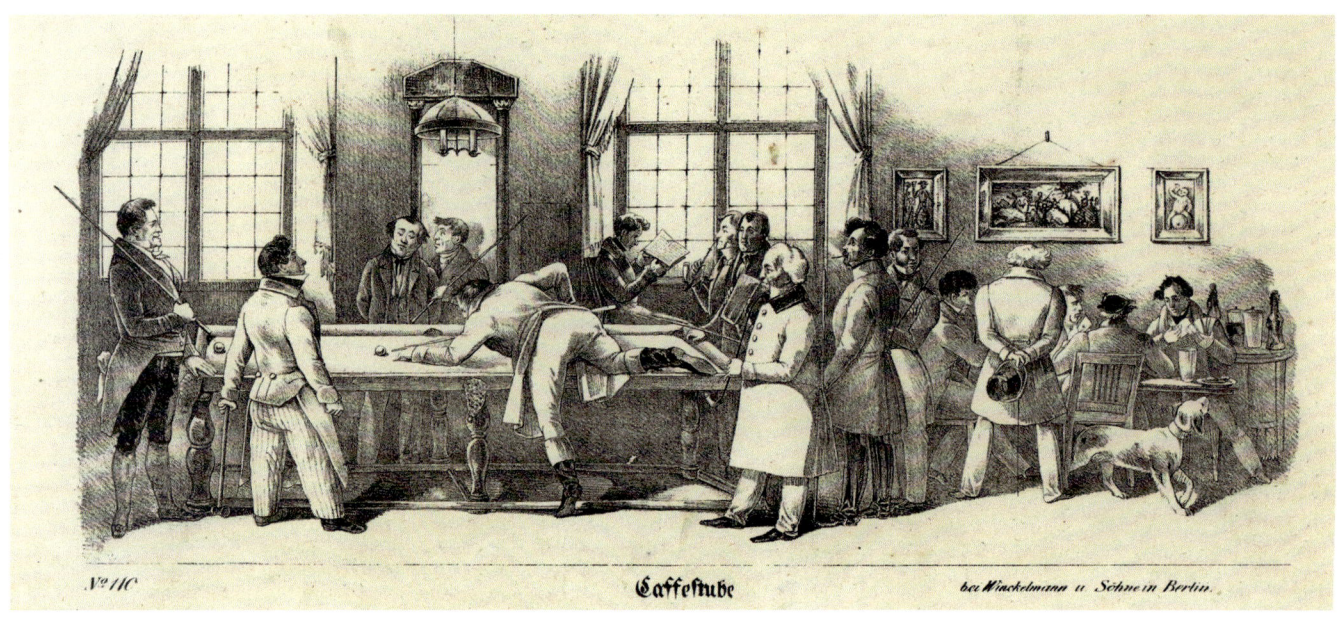

„Caffeestube", Bilderbogen „Illustrationen des Alphabets", Verlag Winckelmann und Söhne, Berlin 1828

und schenkender Conditer, weiterhin auf hiesiger Altstadt und Neustadt, nicht vermehrt werden dürfe"[6] und brachte damit eine bei der Obrigkeit weit verbreitete restriktive Haltung zum Ausdruck. Schon Zedlers-Universal-Lexikon hatte 1734 darauf hingewiesen, dass Caffee-Häuser „an manchen Orten die Gelegenheit zum Spielen, und andern verbotenen Gesellschaften (sind), dahero die Fürsten und Obrigkeiten auf solche ein wachendes Auge haben sollen"[7]. Eine Gefährdung sah Woempner vor allem darin, dass die Sitten junger Kaffeehausbesucher unter dem Eindruck von Spirituosen, Spiel und unziemlicher Geselligkeit verdorben würden.

schlossener Gesellschaften nach Exklusivität in einem prinzipiell öffentlichen Raum hin.

Die Öffentlichkeit des Kaffeehauses stand in engem Zusammenhang mit der im 18. Jahrhundert bei Teilen des Adels und des gebildeten Bürgertums verbreiteten Kultur der Aufklärung. Zedlers Universal-Lexikon sah die besondere Qualität vorbildlich geführter Kaffeehäuser darin, dass sie „Anlaß u. Gelegenheit zu guten erbaulichen und gelehrten Gesprächen, vornehmen, nützlichen und angenehmen Bekanntschafften, auch die neuesten Zeitungen zu lesen, oder zu erfahren, oder sonsten seinen oder des Nechsten Nutzen und Wohlfahrt zu befördern"[8], geben. Das Kaffeehaus war deshalb der geeignete Ort für diese intellektuelle Form der Geselligkeit, weil dort, im Gegensatz zu den sonstigen Gastwirtschaften, der Bestimmung nach nicht einschläfernde oder die Sinne vernebelnde Getränke, sondern die „historisch bedeutsame Droge"[9] Kaffee ausgeschenkt wurde. Dieses koffeinhaltige Getränk wirkt ernüchternd, regt die Verstandestätigkeit an und belebt die Sinne, eine hervorragende Voraussetzung für Geschäfte und angeregte Unterhaltungen. Das renommierte Kaffeehaus war also ein Ort des kultivierten Umgangs und der Nüchternheit. Der Kaffee war das Elixier dieser bürgerlich-aufgeklärten Geselligkeit. Die Wirklichkeit der Kaffeehäuser entsprach dieser Vorstellung allerdings nur bedingt.[10]

Der Ausschank von alkoholhaltigen Getränken und der damit befürchtete Verlust guter Sitten war ein Motiv für die Verdammung der Kaffeehäuser. Denn dort wurde neben dem Kaffee aus Arabien nicht nur chinesischer Tee und zu Schokolade verarbeiteter Kakao angeboten, sondern eben auch Liqueur, Branntwein, Bier und Wein. Das Kaffeehaus galt zwar gemeinhin als Gegenpol zu Tavernen und Bierschenken, in denen die traditionellen einheimischen Getränke angeboten wurden; aber allein zur Sicherung der wirtschaftlichen Existenz konnten die „Coffeetiers" nicht darauf verzichten, das Spektrum der ausgeschenkten Getränke möglichst breit zu halten. Im übrigen nahmen auch die Gastwirte langfristig das neue Modegetränk auf ihre Getränkekarten. Zunächst gingen sie allerdings mit allen erdenklichen Mitteln bis hin zur Diffamierung gegen die Konkurrenz der Kaffeehäuser vor, die ihnen den Verdienst streitig machten.

Woempner unterschied in seiner Klageschrift zwischen ordentlich eingerichteten Kaffeehäusern und anderen Lokalen, die auch Kaffeehäuser heißen, aber eher den Geselligkeitsformen einer Schankwirtschaft entsprechen. Hinsichtlich des sozialen Spektrums der Gäste als auch der Ausstattung gab es in der Tat höchst unterschiedliche Kaffeehäuser. Große, renommierte Kaffeehäuser waren dem Adel und dem gut situierten Bürgertum vorbehalten. Kleine, weniger prominent gelegene Kaffeewirtschaften dienten eher dem einfachen Volk als Treffpunkte.[11] Offenbar waren aber die Kaffeewirte bestrebt, ihre Räumlichkeiten zu erweitern

und an frequentierten, respektablen Orten einzurichten. Deshalb wechselten im Hannover des späten 18. und frühen 19. Jahrhunderts einige Kaffeehäuser über die Jahre hinweg immer wieder ihre Adressen.

Dass die Geselligkeits- und Umgangsformen in den unterschiedlichen Kaffeehäusern erheblich voneinander abwichen, lassen auch andere Kommentare vermuten. So kritisierte der Staatsbeamte Georg Brandes 1789/90 in einem Gesellschaftsspiegel der Residenzstadt: „Hannover ist sehr reichhaltig an Clubs von mancherley Art ... Die Clubs sind eine Hauptursache, dass die öffentlichen Kaffeehäuser, im Sommer diejenigen ausgenommen, wobey sich Gärten befinden und Billiards, wenig oder gar nicht von guter Gesellschaft besucht werden."[12] Die gute Gesellschaft blieb also eher unter sich.

Ein anderer, anonymer Kritiker formulierte seine Klage über die Kaffeehäuser grundsätzlicher: „Sie erfordern beträchtliche Ausgaben, und begünstigen nicht nur den Müssiggang, die Schwächung des Geistes und Körpers, sondern geben auch zu mancher andern Untugend Veranlassung."[13] Aus der Perspektive des angesehenen Bürgertums waren die beschriebenen Kaffeehäuser der Stadt nicht gesellschaftsfähig. Die Öffentlichkeit dieser Orte mag den auf die Einhaltung strenger Standesschranken bedachten Oberschichten in Hannover – Christian Patje sah darin 1817 die norddeutsche Version des orientalischen Kastenwesens[14] – politisch suspekt gewesen sein. Der allgemeinen Verbreitung des öffentlichen Kaffeehauses begegnete die feine Gesellschaft mit dem Rückzug in die exklusiven Clubs.[15]

Die Regierung versuchte darauf hinzuwirken, dass der Kaffeekonsum vor allem eine Angelegenheit des Bürgertums in den Städten blieb. Bereits zum Ende des 18. Jahrhunderts hatte sich der Kaffee aber auch in der ländlichen Bevölkerung bis hin zum Gesinde und den Tagelöhnern durchgesetzt. Zwar war der echte Bohnenkaffee für die ärmeren Schichten nicht immer erschwinglich, sie griffen aber auf Ersatzstoffe wie die gerösteten Zichorien zurück oder leisteten sich die Ausgaben für den Luxus Kaffee trotz außergewöhnlicher finanzieller Belastungen. Der Kaffeekonsum der Landbevölkerung war der Regierung ein Dorn im Auge, weil er nach ihrer Ansicht die Verarmung der betroffenen Menschen und damit des ganzen Landes förderte. In dem im Vergleich zu anderen norddeutschen Staaten recht spät erlassenen „Verbot des Handels mit Coffee auf dem platten Lande und dessen Bestimmung in den Städten und Flecken … im Kurfürstentum Hannover" von 1780 wurde aber die Stadtbevölkerung gezielt ausgeklammert. In der Verordnung heißt es: „… es

Verordnung Kaffeeverbot 1780, Titelseite

wird vielmehr alles Schenken und Aussellen des gekochten Coffees auf dem platten Lande, in den Krügen, Wirthshäusern, Branntweinschenken und sonst überhaupt, an Bauern und Landleute … verboten. Jedoch bleibet in denen an großen Post- und Heerstraßen, auch schiffbaren Strömen, wie auch nahe um die Städte belegenen Wirthshäusern, Schenken und Krügen, nach wie vor gestattet und frei gelassen, den Fremden, Reisenden, und andern Gästen nach Verlangen, Coffee vorzusetzen und auszuschenken." Selbst die kurfürstliche Regierung respektierte und bestätigte den Status des Kaffees als „bürgerliches Symbolgetränk".[16]

Hinter dieser Reglementierung der Ernährungsgewohnheiten des Volkes stand letztlich ein traditionelles Modell gesellschaftlicher Hierarchien: Mit dem Kaffeeverbot verfolgte die kurfürstliche Regierung das Ziel, den Kaffee als Medium der sozialen Unterscheidung im öffentlichen Bewusstsein zu verankern. Der Genuss dieses Getränkes sollte den vornehmen Ständen vorbehalten bleiben, damit die Ordnung der Gesellschaft nicht aus den Fugen geriet. Das Scheitern dieses Versuchs der Einflussnahme auf die Konsumpraxis auf dem Verordnungsweg war gleichermaßen ein Indiz für die Brüchigkeit der Ständegesellschaft wie für die symbolisch aufgeladene Bedeutung des Kaffeekonsums als Nachahmung distinguierter adliger und bürgerlicher Lebensformen bei der bäuerlichen und unterbäuerlichen Bevölkerung.

### Bildung, Unterhaltung und Spiel

Von Anfang an wiesen die hannoverschen Kaffeehäuser eine internationale Dimension auf. Viele dieser Einrichtungen wurden von Schweizern und Italienern eröffnet, die mit dem Ausschank von Kaffee eine Konditorei verbanden. Zwei der traditionsreichsten Kaffeehäuser befanden sich um 1800 an prominentester Stelle: In der Leinstraße vis-a-vis zum Leineschloss unmittelbar neben dem Alten Palais lagen rechts das Kaffeehaus des Konditors Bernhard und links das des Konditors Robby. Die Anzeigen der frühen hannoverschen Kaffeehausbetreiber zeigen, dass deren Angebot bereits breit gefächert war: Der „Coffetier Büsch" pries 1764 an, dass „den Liebhabern der Musik …von einer Gesellschaft Virtuosen Concert gehalten wird." Wenig später bot er an, „gegen billige Bezahlung mit warmen und kalten Essen, Butterbrödten, allen Arten Weine, Punsch … auf das promptteste aufzuwarten." Der „Kaffetier Scavia" warb 1766 damit, dass „in seinem Hause auf einem sehr geräumigen und bequemen Saale ein Billard errichtet" worden sei. Der „Schweizer Canditor J. Robby" machte bekannt, dass er „neben dem Verkaufe meiner gewöhnlichen Canditoreiwaaren, Extracte, Liqueurs … meine jetzige Wohnung an der Leinstraße auch zum Billard- und Kaffeehause eingerichtet" hatte. Der „Coffeeschenker Angeau" warb damit, dass Gäste „alle Bequemlichkeit gegen eine billige Erkenntlichkeit" sowie „die französischen Leidener Zeitungen zum Lesen in und außer Hauses" geboten bekämen, um nur einige wenige Annoncen aus einer Vielzahl in den Hannoverschen Anzeigen zu zitieren.[17]

Seinem Ursprung nach war das Kaffeehaus ein Kaffee-Ausschank, entwickelte sich allerdings innerhalb weniger Jahre zu einem sozialen Ort, dessen kulturelles Angebot weit darüber hinaus ging. Scharfe Trennlinien zwischen dem Kaffeehaus und der Konditorei, dem Restaurant, dem Konzertsaal, der Spielhalle, dem Tanzsaal und dem Gartenlokal gab es zunächst nicht. Das Kaffeehaus konnte vielerlei Bedürfnisse seiner Gäste befriedigen. Erst im Laufe des 19. Jahrhunderts erfolgte eine räumliche Trennung dieser Geselligkeitsformen.

### Männer im Kaffeehaus, Frauen beim Kaffeekränzchen

Kaffeehäuser waren zwar öffentliche Orte, allerdings war der Zugang zunächst ausschließlich Männern vorbehalten. Frauen, die Kaffeehäuser besuchten, standen im 18. und noch lange im 19. Jahrhundert unter Prostitutionsverdacht. Vor diesem Hintergrund ist verständlich, dass Zedlers Universal-Lexikon von 1742 darauf hinwies, dass „aller Aufenthalt und Bedienung von Weibs-Personen in Coffee-Häusern, so wohl bey Zurichtung des Getränckes, und dessen Auftragen, als auch sonst, unter was Vorwand es geschehen möchte"[18], verboten sei. Frauen waren gemäß ihrer Geschlechtsrollenzuweisung von der bürgerlichen Öffentlichkeit, folglich auch von den Kaffeehäusern, ausgeschlossen.

„Hauswolle", Farbdruck, Entwurf: Änne Koken, um 1910

In jeder Kritik an den Umgangsformen in den Kaffeewirtschaften der einfachen Leute schwang unterschwellig der Verdacht fehlender Sittlichkeit mit. Ein Beispiel aus dem späten 18. Jahrhundert: Johann Robby hatte sich 1796, kurz nach der Eröffnung seines Kaffeehauses in der Leinstraße, des Gerüchtes zu erwehren, er hätte um die „Concession zur Anlagung eines Bordels nachgesucht".[19] Ein solcher Vorwurf bedeutete für einen auf Ehrbarkeit und Ansehen bedachten Gastwirt den wirtschaftlichen Ruin. Robby konnte die offenbar von Konkurrenten veröffentlichte Verleumdung aus der Welt schaffen. Die gezielte Diffamierung berief sich offenbar auf den Aufenthalt weiblicher Gäste in seinem neuen Kaffeehaus. Obgleich dies zumindest in Gesellschaft von

Männern in den Konditorei-Kaffeehäusern um 1800 bereits durchaus üblich war, die sich diesbezüglich von den klassischen Kaffeehäusern unterschieden, reichte allein das Gerücht von Unsittlichkeit aus, um seinen Ruf zu schädigen.

Frauen verlegten das Kaffeehaus in die eigenen Privaträume und veranstalteten dort Kaffeevisiten. Die anfängliche Vereinnahmung des sozialen Ortes Kaffeehaus durch die Männer war nämlich die Geburtsstunde des weiblichen Kaffeekränzchens. Denn der Zugang zum Kaffeehaus war für Frauen im 19. Jahrhundert nicht uneingeschränkt möglich. Noch zu Beginn des 20. Jahrhunderts mussten Frauen, die allein das ehrwürdige Kaffee Kröpcke am Theaterplatz, Nachfolgeeinrichtung des Kaffeehauses Robby, besuchten, damit rechnen, von den Kellnern ein Kärtchen mit der Aufschrift „Sie werden gebeten, das Café unauffällig wieder zu verlassen" ausgehändigt zu bekommen.[20]

### Kröpcke und Co. – Hannoversche Traditionen

Die Privatisierung des Kaffeegenusses als häusliches Frühstücks- und Nachmittagsgetränk zu Beginn des 19. Jahrhunderts schadete der Kaffeehauskultur nicht. Ganz im Gegenteil: Die Gewöhnung an den Kaffee als gleichermaßen öffentlich und privat konsumiertes Getränk akzentuierte mehr als zuvor den besonderen Charme der Kaffeehausatmosphäre. In Anlehnung an die französische Kultur bürgerte sich zu dieser Zeit, also nach der Besetzung des Kurfürstentums Hannover durch französische Truppen im Rahmen der napoleonischen Kriege, das prägnantere Wort „Café" ein und verdrängte weitgehend das ältere „Kaffeehaus"[21]. Außerdem setzte sich ein Trend fort, der bereits kurz nach den ersten Kaffeehauseröffnungen erkennbar war. Es entwickelten sich verschiedenartigste Typen von Kaffeehäusern, die jeweils einen besonderen Unterhaltungsaspekt in den Vordergrund stellten: Café-Konditoreien,

Gastraum des Café Bristol im Hotel Bristol am Ernst-August-Platz, Hannover, Postkarte, 1907

Das Café Kröpcke bei Nacht, Hannover, um 1935

vornehme Kaffeesalons, Gartencafés, Hotel-Cafés, Café-Restaurants, Konzertcafés und die geräumigen, großzügig ausgestatteten Kaffeehäuser der Großstadtzentren.

Der zunehmende Glanz und die Größe der Cafés in den wachsenden Städten und in deren Umland war ein Indiz für die Etablierung dieser gleichermaßen sozialen wie gewerblichen Einrichtung. Bezeichnend dafür ist die Ausstattung der großen Kaffeehäuser mit wandfüllenden Spiegeln. Auf diese Weise wurde den Gästen die Illusion einer Raumvergrößerung und visuellen Öffnung vor Augen geführt. Der Befriedigung der Schaulust, ein nicht unwesentliches Motiv des Cafébesuches, kam dies entgegen. Die Verspiegelung der Kaffeehäuser des 19. Jahrhunderts war auch ein Zeichen für die Verbürgerlichung der höfischen Repräsentationsarchitektur und ihre Institutionalisierung im öffentlichen Raum.[22]

Blick von der Georgstraße auf das Café Kröpcke,
Hannover, 1930er Jahre

Gastraum des Café Kröpcke am Theaterplatz,
Hannover, Postkarte, 1929

Was den Reiz guter Cafés ausmachte, beschrieb ein Stadtführer der Residenz-Stadt Hannover 1858: „Die elegantesten und comfortable eingerichteten Café's und Conditoreien liegen an der Georgs- und Leinstraße, und findet man in ihnen neben den ausgesuchtesten Erfrischungen eine hinreichende Anzahl von Zeitungen und Journalen, sowie auch die hauptsächlichsten Zeitungen Englands und Frankreichs. … in mehreren derselben sind auch Billards aufgestellt."[23] Bil-

dung und Unterhaltung stellten nach wie vor bedeutende Motive für einen Kaffeehausbesuch dar. Daneben wurden Cafés im 19. Jahrhundert immer mehr Ziele für Familienausflüge. Davon berichtete der 1878 geborene Schriftsteller Carl Sternheim, der seine Kindheit in Hannover erlebt hatte. Mit Hannover verband er in seinen Erinnerungen vor allem „die Nachmittagsausflüge in die Gartenwirtschaft Tivoli zu Kaffee und Kuchen, das Café Robby auf der Georgstraße"[24].

Das Café Kröpcke am Theaterplatz, das 1869 von jenem George Robby eröffnet worden war, dessen Vater Johann eine der ersten Café-Konditoreien in der Altstadt geführt hatte, lag im Zentrum der hannoverschen Innenstadt, an der Kreuzung der beiden Achsen Bahnhof- und Georgstraße. Hier, umgeben von repräsentativen Geschäftshäusern und dem Hoftheater (Opernhaus), etablierte sich dieses beliebte Café zum Treffpunkt der Einkäufer, Flaneure und Passanten. In unmittelbarer Nachbarschaft befanden sich weitere Kaffeehäuser mit gehobenem Anspruch: in der Bahnhofstraße das Residenzcafé und das Café Bristol sowie in der Georgstraße das Wiener Café, das Café Continental und das Corso-Café.[25]

Der besondere Charme des Café Kröpcke beruhte auch auf seinem weitläufigen Kaffeegarten, der sich bis hin zum Hoftheater erstreckte. Sechshundert Tische mit bis zu 2.500 Sitzplätzen boten mitten in der Stadt eine Gelegenheit, Kaffee im Freien und im grünen Ambiente zu geniessen.[26] Mit solchen Annehmlichkeiten konnten ansonsten nur die Gastwirtschaften an der Eilenriede und am Stadtrand aufwarten. Beliebt waren im 19. Jahrhundert das Lindener Berghaus, der Ahlemer Turm, das Gehrdener Berggasthaus sowie die zu Gastwirtschaften

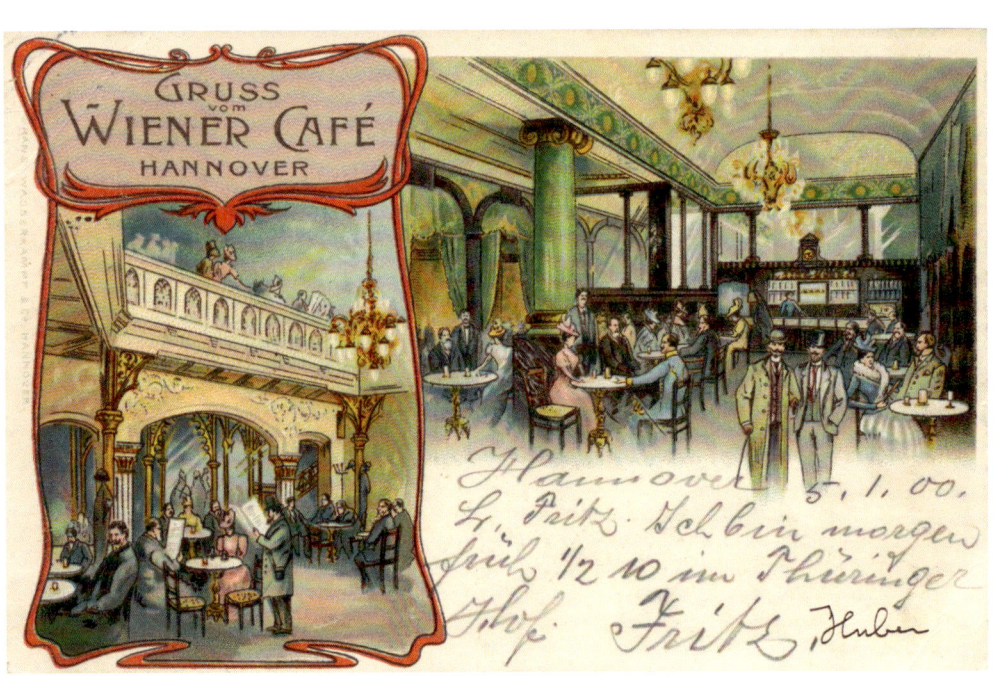

Wiener Café an der Georgstraße, Hannover, kolorierte Postkarte, um 1900

Innenraum des Café Victoria mit Gästen und Musikkapelle,
Hannover, Postkarte 1910

ausgebauten ehemaligen Warttürme wie der Döhrener Turm,
der Pferdeturm, das Neue Haus, der Lister Turm, das Haus
am Steuerndieb, der Tiergarten und andere Gartenwirtschaf-
ten. Einige dieser Wirtschaften boten den Gästen die Mög-
lichkeit, ihren Kaffee selbst zu kochen und Mitgebrachtes zu
verzehren.

Einen besonderen Reiz übte, wie auch Carl Sternheim er-
innerte, das Tivoli aus. „Dieses sowohl während des Winters
als zur Sommerzeit, während welcher hier zugleich ein Som-
mertheater etablirt ist, sehr besuchte Caffeehaus liegt unmittelbar an der Eisenbahn, unfern der Eilenriede, und enthält
außer einigen Gesellschaftszimmern, einem Billard, einem
geräumigen Saale, noch eine niedliche Terrasse, auf welcher
die Gäste an den Sommerabenden sich versammeln und die
letzten Dampfwagenzüge an sich vorüberrauschen lassen.“[27]

Als Ergänzung zu den gewerblichen Cafés entstanden im
ausgehenden 19. Jahrhundert zumeist auf Initiative von Mä-
ßigkeitsvereinen sogenannte Volkskaffeehäuser, in denen für

Kaffeegarten im Café Kröpcke, Hannover,
Fotografie von Eckhart Breider, um 1965

Kaffeegesellschaften im Tiergarten Hannover-Kirchrode, Öl auf Leinwand von Rudolf Weber, 1909

Kaffeegarten im Zoo, Fotografie von Wilhelm Hauschild, 1935

wenig Geld Kaffee, Kaffeeersatz und einfache Mahlzeiten angeboten wurden. Kaffee, so zeigen diese Einrichtungen, war so beliebt, dass man sich versprach, auf diese Weise den Kampf gegen den verbreiteten Alkoholismus erfolgreich führen zu können. In Hannover gab es 1890 sechs „Volkskaffees" unter der Leitung des Deutschen Vereins gegen den Missbrauch geistiger Getränke, die „zu billigsten Preisen Speisen und Getränke, außer destillierten Getränken"[28] anboten. Die Tasse Kaffee kostete dort sieben Pfennig.

## Kaffeehaus, Cafeteria, Internetcafé

In den Cafés des 20. Jahrhunderts spiegeln sich die gesellschaftlichen Entwicklungen, die die Lebenswelt allgemein verändert haben. Bis in die 1950er Jahre blieb die Tradition

Ansicht der Konditorei Café Kreipe an der Bahnhofstraße, Hannover, um 1950

der Kaffeehäuser weitgehend erhalten. Die prunkvollen, vom Repräsentationsbedürfnis des Historismus inspirierten Einrichtungen wichen bereits in den 1920er Jahren sachlicherem und schlichterem Mobiliar. Die Zerstörungen des Zweiten Weltkrieges, von denen die Stadtcafés durchweg betroffen waren, zwangen dann in der Wiederaufbauzeit zu neuen, dem Geschmack der Nachkriegszeit entsprechenden ästhetischen Gestaltungen der Caféräume.

Seit ihrer Entstehung im 18. Jahrhundert waren Kaffeehäuser Orte der Begegnung und des Durchatmens in der Unübersichtlichkeit und Betriebsamkeit der Stadt. Sie erfüllten das gesellschaftliche Bedürfnis nach einer Unterbrechung des Arbeitsalltags. Bereits in der Phase der Industrialisierung, in

Gastraum des Café Continental in der Georgstraße, Hannover, Postkarte, um 1950

der eine rationalisierte Arbeitsorganisation in allen Bereichen eingeführt wurde, kam der Kaffeepause ein hoher Symbolgehalt als „bewusstes Gegenstück der Erholung und Entspannung"[29] zu. Das Café war und ist ein Ort der Ruhe, des Gesprächs, der kultivierten Unterhaltung. Es war und ist ein Ort, der eine gewisse Vertrautheit bei grundsätzlicher Anonymität verspricht. Cafés pflegen einen anderen Zeitrhythmus, den der Langsamkeit und Beschaulichkeit.

Gäste im Kaffee Kröpcke, Hannover, Fotografie von Wilhelm Hauschild, 1956

In der zweiten Hälfte des 20. Jahrhunderts hat sich dies insofern verändert, als durch internationale Einflüsse moderne Entsprechungen des traditionellen Kaffeehauses Bedeutung gewonnen haben. Die Cafeteria, ein Selbstbedienungsrestaurant nach US-amerikanischem Muster, die von italienischen „Gastarbeitern" importierte Espresso-Bar und das Eis-Café, McCafés und vergleichbare Einrichtungen, die den Gedanken des Schnellrestaurants auf die Kaffeekultur übertragen haben, sowie Internet-Cafés haben in den letzten Jahr-

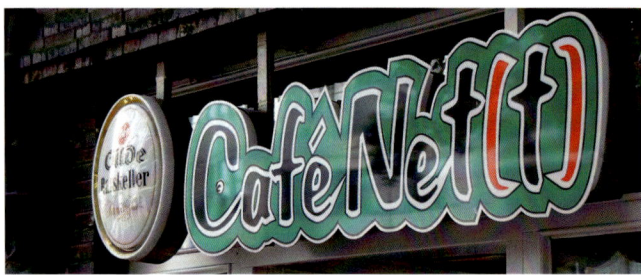

Werbeschilder hannoverscher Kaffeeschänken, Fotografien von Reinhard Gottschalk, 2009

zehnten den beiläufigen Konsum mit schnellem Genuss kultiviert. Was aus dem ursprünglichen Kaffeehaus bleibt, ist das Bedürfnis nach Ernüchterung und nach einer Schärfung der Sinne. In den Hintergrund tritt in diesen modernen Spielarten des Cafés die „feine Geselligkeit", von der Julius Rodenberg angesichts der Pariser und Londoner Kaffeehauskultur im 19. Jahrhundert schwärmte. Aber auch dafür bietet die Kaffeehauskultur der Gegenwart ausreichend Gelegenheiten.

**Anmerkungen**

1 Julius Rodenberg: Studienreisen in England. Bilder aus Vergangenheit und Gegenwart, Leipzig 1872, S. 154. Das vollständige Zitat Rodenbergs bezogen auf Pariser und Londoner Kaffeehäuser lautet: „… diesen Sammelplätzen politischer Anregung und geistigen Verkehrs, deren Radien und Strahlen nach allen Richtungen hin auslaufen, - diesen Lehrstätten eines gewählten Gesprächs und einer feinen Geselligkeit, in welchen die Wissenschaft und das Leben sich begegneten …".

2 Guidi an Leibniz 6. Juli 1702, zit. nach Georg Schnath: Geschichte Hannovers im Zeitalter der neunten Kur und der englischen Sukzession 1674 - 1714 Bd. III, Hildesheim 1978, S. 528 f..

3 s. Rudolph Ludwig Hoppe: Geschichte der Stadt Hannover, Hannover 1845, S. 264.

4 Burchard Christian von Spilcker: Historisch-topographisch-statistische Beschreibung der königlichen Residenzstadt Hannover, Hannover 1819, S. 219, S. 547.

5 Jürgen Habermas: Strukturwandel der Öffentlichkeit. Untersuchungen zu einer Kategorie der bürgerlichen Gesellschaft, 10. Aufl., Darmstadt 1979, S. 196 f.

6 Ludwig Hoerner: Marktwesen und Gastgewerbe im alten Hannover, Hannover 1999, S. 151 f.

7 Johann Heinrich Zedler: Großes, vollständiges Universal-Lexikon aller

Lavazza-Espressobar in der Ständehausstraße Hannover, Fotografie von Reinhard Gottschalk, 2009

Wissenschaften und Künste, Bd. 5, Leipzig 1733, Sp. 111 f.

8 ebda, Bd. 34, Leipzig 1742, Sp. 1225.

9 Wolfgang Schivelbusch: Das Paradies, der Geschmack und die Vernunft. Eine Geschichte des Genusses, Frankfurt / Berlin / Wien 1983, S. 52

10 s. dazu Annerose Menninger: Genuss im kulturellen Wandel. Tabak, Kaffee, Tee und .Schokolade in Europa (16. – 19. Jahrhundert), Stuttgart 2004, S. 323 ff.

11 s. dazu Hans-Jürgen Teuteberg: Kaffee, in: Thomas Hengartner / Christoph Maria Merki (Hg.): Genussmittel. Eine Kulturgeschichte, Frankfurt/ Main 1999, S. 100.

12 zit. nach Henning Rischbieter: Hannoversches Lesebuch, Bd. 1, 1978, S. 155

13 Anonymus im Hannoverschen Magazin 1796, zit. nach Hoerner 1999, S. 124.

14 s. Christian Patje: Wie war Hannover? Oder Fragmente von dem damaligen Zustand der Residenz-Stadt Hannover, Hannover 1817, S. 167

15 s. Peter Albrecht: Kaffee / Kaffeehaus, in Werner Schneiders (Hg.): Lexikon der Aufklärung, München 2001, S. 198 f.

16 Schivelbusch 1983, S. 96.

17 Ludwig Hoerner: Zitatansammlung zum Buch „Arme Leute – Reiche Leute". Stadtleben vor 200 Jahren, Hannover 2002, S. 345 ff.

18 Zedler 1742, Sp. 1225 f.

19 zit. nach Hoerner 1999, S. 153.

20 s. Thomas Parr: Geh'n wir doch ins Kröpcke. Hannover und sein legendäres Café, Gudensberg 2006, S. 25.

21 Dass sich der fremde Name weitgehend durchgesetzt hat, zeigt das Adressbuch der Landeshauptstadt Hannover für das Jahr 2000. Es führt mehr als dreißig „Cafés" und kein einziges „Kaffeehaus" auf.

22 Ulla Heise: Kaffee und Kaffee-Haus. Eine Kulturgeschichte, Hildesheim/Zürich/New York 1987, S. 102.

23 Der Führer durch die Residenz-Stadt Hannover und ihre Umgebungen, Hannover 1858, S. 56.

24 zit. nach Henning Rischbieter: Hannoversches Lesebuch, Bd. 2, Velber 1978, S. 106.

25 s. Führer durch Hannover und seine Umgebung, Hannover 1912/13; S. 23.

26 s. Parr 2006, S. 31.

27 Führer durch die Residenz-Stadt Hannover 1858, S. 64

28 Adressbuch der königlichen Residenzstadt Hannover und der Stadt Linden, Hannover 1890, S. 106.

29 Hans J. Teuteberg: Die Eingliederung des Kaffees in den täglichen Getränkekonsum, in: Hans J. Teuteberg / Günter Wiegelmann: Unsere tägliche Kost. Geschichte und regionale Prägung, 2. Aufl., Münster 1986, S. 201.

Eine kleine Geschichte des Tees und seine Spuren in Hannover

*Gott ich danke Dir für den Tee!*

Uta Ziegan

*Gott, ich danke Dir für den Tee!*
*Was wäre die Welt ohne Tee!*
*Wie hätte sie bestehen können?*
*Nein, sie könnte es nicht, ich kann es auch nicht.*
*Dem Himmel sei Dank, daß ich erst geboren wurde,*
*als man schon mit dem Teetrinken angefangen hatte.*

Als der britische Schriftsteller und Pfarrer Sydney Smith dieses Gebet um 1800 zum Himmel sandte, hatte der Tee seinen Siegeszug durch Europa längst angetreten. Bereits 1610 brachte die Niederländische Ostindien-Kompanie per Schiff zum ersten Mal eine Ladung grünen Tee in die Niederlande. Sie hatte zu diesem Zeitpunkt das europäische Monopol für den Handel mit Asien. 1644 lieferten die Holländer die ersten 100 Pfund Tee nach England aus. Zur gleichen Zeit profitierte Ostfriesland von der Nähe und den engen wirtschaftlichen Kontakten mit den Niederlanden und entwickelte eine ausgeprägte Teekultur.

China war bis ins 19. Jahrhundert das einzige Tee exportierende Land der Welt. Das Monopol für den Chinahandel ging 1669 auf die Britische Ostindien-Kompanie über, die es erst im Opiumkrieg 1834 verlor. Die Briten unternahmen – um sich von China unabhängig zu machen – eigene Anbauversuche in ihren indischen Kolonien, nachdem Versuche auf heimischem Boden unter englischem Klima kläglich gescheitert waren. 1840 kamen die ersten Teeproben aus Indien in London an. Die neuen Teesorten Assam und Darjeeling konnten sich durchsetzen. Nachdem eine verheerende Kaffeepest alle Kaffeeplantagen auf Ceylon (heute Sri Lanka) zerstört hatte, forcierten die Briten auch in dieser Kolonie den Anbau und die Herstellung von schwarzem Tee. Um den weiter steigenden Bedarf zu befriedigen, mussten immer neue Anbauflächen für Kolonialtee gefunden werden. Seit dem späten 19. Jahrhundert erstreckt sich ein globales Netz von Anbauflächen über alle tropischen Kontinente.

Außer auf dem Seeweg wurde der Tee aus China ab 1750 mit Karawanen über die Seidenstraße und Russland nach Europa eingeführt.

Die in Mitteleuropa üblichen Begriffe *Tee*, *tea*, *thé* leiten sich aus der Min-Sprache ab, weil die europäischen Länder ihren Tee überwiegend auf dem Seeweg aus Südchina erhielten. Länder wie Russland, die Türkei und Persien, die auf dem Landweg über Nordchina mit Tee beliefert wurden, übernahmen dagegen das Mandarin-Wort *chá* (Tscha).

Der sog. Karawanentee garantierte beste Qualität und war entsprechend teuer, weil die Kamelrücken besser für den Teetranport geeignet waren. Die großen Handelsschiffe des 17. und 18. Jahrhunderts hatten erhebliche Nachteile:

„Die hölzernen Schiffsrümpfe mit ihren ungelüfteten Laderäumen waren feucht und voll dumpfer Luft. Das übertrug sich auch auf den Tee, der in London in bedauernswertem Zustand ankam. Obwohl die Kapitäne unten in den Rumpf als Ballast zuerst chinesisches Porzellan, dann Tee minderer Sorten und ganz obenauf die besten Sorten luden, konnte das Übel nicht beseitigt werden, war man doch monatelang auf dem Meer."[1]

Um genau zu sein: Die Schiffe waren sechs bis neun Monate unterwegs. Erst als der freie Teehandel ab 1834 die Konkurrenz unter den europäischen Ländern verstärkte, entwickelten die Reedereien schnellere Schiffe, sog. Klipper, und reduzierten die Frachtzeiten aus dem Fernen Osten auf 3 Monate. Ab 1866 dauerte die Reise durch den Suezkanals nur noch 100 Tage.

Das chinesische Porzellan war aber keineswegs nur „Ballast" wie es im Zitat heißt, sondern wichtiger Handelsartikel. Das dünne, fast durchscheinende Porzellan war eine Kostbarkeit und erhob den Teekonsum auch optisch zum Statussymbol. Frühes Teegeschirr in Europa kam ausschließlich aus China und wurde dort eigens für den hiesigen Markt produziert. Zu einem Teeservice gehörten neben den Schälchen oder Koppchen, die Teekanne, eine Teedose, Untertassen und ein Spülkumpf, ein tiefes Gefäß zum Spülen der Teeschälchen.

Zedlers Universal-Lexikon beschreibt die „Gewohnheiten des Theetrinkens" und geht auf die europäische Eigenart der Untertassen ein: (…) da man bald aus den Unterschalen trincket, bald aber diese Art zu trincken für ungeschickt hält: Dieweil solche Unterschalen nur als kleine Präsentirschalen anzusehen, welche bloß die mit dem heissen Thee angefüllten und mit Händen nicht gar wohl zu haltende Obertassen

57

Teekanne Fürstenberg um 1880.

tragen sollen, (man) also aus den Obertassen selbst trincket."[2]

Das Schlürfen des abgekühlten Tees aus den Untertassen galt bereits Mitte des 18. Jahrhunderts als unfein. Der Tee blieb also in den Tassen, die Untertassen erleichterten nun das Tragen des heißen Getränks und dienten zum Abstellen auf den zum Teil empfindlichen Teetischen.

Zunächst zelebrierten die europäischen Höfe und der Adel den Genuss von Kaffee, Tee oder Kakao als neuen kostspieligen Zeitvertreib. Zum frühen Teekonsum an den europäischen Höfen gehörten das exotische Ambiente mit importiertem Teeservice, chinesischem Teepavillon und passender Bedienung. Während der Tee bis ins 19. Jahrhundert weiterhin ausschließlich aus China eingeführt wurde, war ab 1708 das chinesische Geheimnis der Porzellanherstellung gelüftet.[3] Deutsche Porzellanmanufakturen wie Meißen (1710)

und Fürstenberg (1747) sorgten nun ebenfalls für exklusiv gedeckte Teetische.

### Abwarten und Tee trinken

Diese Redewendung hat sich in unserem Sprachgebrauch etabliert, ohne dass wir den Bedeutungshintergrund genau kennen. Es handelt sich um die Ermahnung an ungeduldige Kranke, Tee zu trinken und die Ausheilung abzuwarten. Die Diskussion über die medizinische Wirkung der heißen 3 hat deren Verbreitung begleitet und die Überwindung von Ressentiments gegenüber den ungewohnten, bitteren Konsumartikeln begünstigt. Noch Liselotte von der Pfalz, die Schwägerin von Ludwig XIV, verglich den Geschmack von grünem Tee mit „Heu und Stroh" und wunderte sich, dass einem so etwas „Bitteres und Stinkendes Freude bereiten" könne.

Die Ärzte waren sich im 17. Jahrhundert keineswegs einig: „… nun ist noch nöthiger, etwas von dem würklichen Nutzen und der wahren Würkung des Thees zu erwehnen: Hiervon haben einige ganz gewiß zu viel gemacht, und den Thee allzu sehr erhoben, andere aber auch denselben allzu sehr herunter gemacht, und unbedachtsam verworfen, (…).“[4]

Der eifrigste und bekannteste Fürsprecher des neuen Getränks war der Holländer Cornelius Bontekoe, Leibarzt des Kurfürsten von Brandenburg, der 1678 eine umfangreiche Abhandlung über die medizinischen Vorzüge der heißen Getränke veröffentlichte. Er hielt Kaffee und Tee für die wirksamsten Heilmittel überhaupt.

Bontekoe, , empfahl den Tee „der ganzen Nation und (…) allen Völkern.“ Von 10 bis 50 Tassen täglich ist bei ihm die

Damit der schwarze Tee sein Aroma nicht verliert, sollte er luftdicht verschlossen sein. Teedose, Fayence, um 1800

Rede. Sein Engagement war wohl nicht ganz uneigennützig wie ein zeitgenössisches Lexikon nahelegt:

„Die Holländische Kompagnie, der es wesentlich daran lag, diesen mit so vielen Kosten herbeigeschafften Artikel nicht in ihren Magazinen liegen zu lassen, verschaffte sich gute Lobredner des Thees, zu diesen gehörte ganz besonders der Dr. Cornelius Bontekoe (…). Die Holländische Ostindische Kompagnie ließ dem Verfasser für sein Werk eine bedeutende Summe auszahlen (…).“[5]

Der französischen Apotheker Philippe S. Dufour verbreitete folgende Erkenntnis: „Auch reinigt er (der Tee, d. V.) das Gehirn. Die Chinesen, die so viel Tee trinken, spucken und schnäuzen sich nie; ihr Gehirn ist von den Überflüssigkeiten befreit, die den Sitz des Verstandes arg beschweren.“[6]

Die Befürworter setzten sich durch. Der Konsum in Norddeutschland hatte erheblich zugenommen, begünstigt durch die Nähe zu den Importhäfen Hamburg und Bremen.[7] Das belegen die Kaffee- und Tee-Verbote, die im 18. Jahrhundert zahlreiche norddeutsche Kleinstaaten erlassen haben. Frei nach dem Sprichwort: „Acht Dinge bringen in die Wirtschaft Weh: Theater, Putzsucht, Ball und Tee, Zigarren, Pfeife, Bierglas und Kaffee“ versuchte man, den Handel mit den teuren Importgütern Tee und Kaffee zu unterbinden.

Den Anfang machte 1764 Karl I., Herzog von Braunschweig, mit einer Verordnung, die Wein, Kaffee, Tee und Zucker umfasste. Er habe „vernehmen müssen, dass der gemeine Mann auf dem platten Lande, (…)auf eine verschwenderische und in noch tieferes Verderben führende Lebensweise verfalle, insbesondere aber der seinen Umständen so wenig gemäße Gebrauch des Weins, Coffee, Thee und Zucker schon sehr allgemein zu werden anfange; (…)“ und hält es für notwendig, dass „der gemeine Mann auf dem Lande destomehr überzeuget und durch eigene Beweggründe abgehalten werden möge eine Lebensart anzunehmen oder fortzusetzen, die vermögend ist, (…)[8] Das Fürstentum Minden, das Hochstift Münster und das Fürstbistum Hildesheim zogen mit kombinierten Kaffee- und Teeverboten nach. In einigen Verordnungen war sogar festgelegt, dass Kaffee- und Teegeschirr abzugeben sei.

Georg der Dritte, Kurfürst von Hannover und König von England, beschränkte sich 1780 auf ein „Verbot zum Kaffeehandel auf dem platten Lande", ein Hinweis auf die eher nachrangige Bedeutung des Teekonsums in der auch von ihm in den Blick genommenen Bevölkerungsgruppe:

„Wir haben ungerne vernommen, wasmaßen der Missbrauch des Caffeegetränkes, bei Unsern getreuen Unterthanen, vornehmlich in den niedern Ständen, in Städten und Flecken und auf dem Lande, hin und wieder solchergestalt eingerissen sey; (...)"[9]

Friedrich II. hat es 1777 mit einem preußischen Kaffee- und Teeverbot versucht, letzteres vor allem weil das Tee trinkende Ostfriesland zu seinem Herrschaftsgebiet gehörte.

Neben der landesväterlichen Sorge um Gesundheit und „häusliche Glückseligkeit" seiner Untertanen, spielten natürlich wirtschaftliche Gründe eine entscheidende Rolle, denn durch den Konsum wurde „die inländische Brau-Nahrung (=Bier) durchgehends ansehnlich vermindert; (und) jährlich eine sehr große Summe Geldes ohne Rückkehr aus dem Lande gezogen, (…)." Der Verbrauch des heimischen Bieres ging zugunsten importierter Getränke zurück. Da man Adel und Bürgertum aber aus standespolitischen Gründen keine Vorschriften machen konnte, beschränkte man die Verbote auf das „platte Land" und ließ den Handel in den Städten zu.

Die Konsumverbote von Kaffee und Tee waren ein letztlich erfolgloser Versuch der Obrigkeit, Standesprivilegien gegenüber „den niedern Ständen", den Handarbeitern, Tagelöhnern, Knechten und Mägden durchzusetzen, die wie es bei Karl von Braunschweig so schön heißt: „eine Lebensart an(zu)nehmen, die vermögend ist…" Von diesen Bevölkerungsschichten wurden Kaffee und Tee übrigens grammweise gekauft und mit Kräutern und Ersatzstoffen gestreckt.

In allen Ländern ließ man die Verbote nach wenigen Jahren stillschweigend auslaufen. Die Übertretungen waren viel zu zahlreich, um sie erfolgreich ahnden zu können. Die Regierungen begnügten sich schließlich damit, durch die Steuereinnahmen am steigenden Konsum zu verdienen.

## Eröffnung eines „Spezial-Teegeschäftes"

Da Tee zunächst als Droge, d.h. als Arznei galt, konnte man ihn nur in Apotheken und Material- bzw. Kolonialwarenhandlungen kaufen.

Im Jahre 1743 eröffnete Friedrich Christoph Seeger in der Marktstraße in Hannover eine solche Kolonialwarenhandlung und begründete damit die lange Geschichte der

Im Hannoverschen Adressbuch von 1847 findet sich die erste ausführliche Geschäftsanzeige der „Königlichen Hof-Thee- und Colonial-Waaren-Handlung" in der Marktstraße 27 mit einer „Auswahl preiswürdiger Mittelsorten", immerhin 15 Sorten schwarzer und grüner Tee aus China.

Firma Tee-Seeger. Sein Enkel Friedrich Jacob Seeger betrieb zunächst das Geschäft seines Großvaters weiter, aber verfolgte auch seine eigene Geschäftsidee und spezialisierte sich auf den Teehandel. 1839 eröffnete er ein „Spezial-Teegeschäft". Mit einem Inserat in den Hannoverschen Anzeigen, einem viel gelesenen zweimal wöchentlich erscheinenden Anzeigenblatt, machte er darauf aufmerksam:

„Die Eröffnung eines eigends für mein Theegeschäft eingerichteten Ladens beehre ich mich hiermit bekannt zu machen und ein hochverehrtes Publicum zu geneigtem, recht fleißigem Besuch desselben gehorsamst einzuladen. Größere Beziehungen haben auf neue mein Theelager aufs beste und reichlichste completirt, so daß ich hoffen darf, jeden Käufer aufs vollständigste zu befriedigen. Auch liegen stets Preis-Courante zu gefälliger Abforderung bereit. Zugleich erlaube ich mir, meine Niederlage der anerkannt schönen Italienischen Chocolaten und Cacao-Präparate aus der Fabrik des Herrn Reese und Widmann in Hamburg neuerdings ins Gedächnis zurück zu rufen und zu gewogentlicher Abnahme bestens zu empfehlen."[10]

Während in den ab 1847 abgedruckten Werbeanzeigen der Adressbücher nur Tee beworben wurde, hat Seeger von Anfang an auf zwei Geschäftsfelder gesetzt: Auch die im 19. Jahrhundert noch sehr exklusiven Schokoladenprodukte gehörten bereits zu Beginn zum Sortiment. Um sich gegenüber den hauseigenen Produkten der hannoverschen Konditoreien abzugrenzen, führte er Kakao und Puderschokolade aus Italien und Holland, aber wohl auch Spezialitäten aus der Region.

Der Eröffnungszeitpunkt war gut gewählt, denn nach dem Ende der Personalunion mit Großbritannien residierte seit 1837 wieder ein König, Ernst-August, in der Stadt, der in seinem Gefolge kaufkräftige Kundschaft versprach. Seeger bemühte sich bald um die Führung des hannoverschen Wappens und den begehrten Hoflieferanten-Titel. Ab 1847 hieß die Firma ganz offiziell: Königliche Hof-Thee- & Chocolade-Handlung F.J. Seeger.

Seeger setzte auf die heißen 2 – Tee und Schokolade -, obwohl die Hannoveraner ja ausgesprochene Kaffeetrinker waren. Warum ein Spezialgeschäft für die neuen Heißge-

tränke, aber nicht für Kaffee? Seit dem 18. Jahrhundert boten Material- bzw. Kolonialwarenhändler rohe Kaffeebohnen an, die aus Gründen des Aromaerhalts zu Hause geröstet und gemahlen wurden. Erst in der 1880er Jahren begann sich das Kauf- und Konsumverhalten zu verändern. Die Kaffeehändler schafften sich Kaffeebrenner an und boten ihren Kunden auch geröstete Kaffeebohnen, die vor dem Aufbrühen nur noch gemahlen werden mussten.

## TEEVERARBEITUNG

Bei der Teeernte ist es wichtig, dass die gepflückten Blätter schnell weiter verarbeitet werden. Zuerst legt man die Blätter zum Trocknen und Welken aus.

Für grünen Tee werden die Blätter nach dem Welken nur leicht gerollt und dann durch Kurzzeiterhitzung getrocknet. Natürlicher Duft und natürliche Farbe müssen erhalten bleiben. Daher müssen sie luftdicht verpackt sein und die Blätter nach dem Kauf in luftdichten Behältern aufbewahrt werden. Der Vorgang des Fermentierens entfällt hier komplett.

Zur Herstellung von schwarzem Tee kommen die welken, weichen Blätter in die Rollmaschine. Dabei tritt der Pflanzensaft aus, der sich dann mit Luftsauerstoff verbindet. Durch diesen Vorgang wird die Fermentierung erleichtert. Die Qualität des schwarzen Tees hängt von der richtigen Fermentierung ab. Dazu kommen die Blätter in eine große Gärkammer mit feuchtwarmem Klima. Hier laufen biochemische Reaktionen ab. Die Gerbstoffe lösen sich auf und es bilden sich ätherische Öle. Dadurch entwickelt der Tee sein Aroma und bekommt eine kupfer- bis rotbraune Farbe. Zum Schluss werden die noch feuchten Blätter in Heißluftöfen getrocknet. Ist der Feuchtigkeitsgehalt auf weniger als 6 % herabgesetzt, ist der schwarze Tee fertig.

Mit der Gründung von Kaffeegroßröstereien setzte um 1890 die gewerbliche Röstung von Kaffee im großen Stil ein. In Hannover begann 1889 die Firma Grote in der Osterstraße eigene Filialen und den Einzelhandel ohne eigene Kaffeeröster zu beliefern. Mit der zunehmenden Sortenvielfalt seit der Jahrhundertwende etablierten sich Spezialgeschäfte für Kaffee. Seeger erweiterte sein Angebot erst im 20. Jahrhundert. Anfang der 1930er Jahre betrieb Seeger nachweislich einen florierenden Kaffeehandel mit eigener Großrösterei.

Seeger verkaufte zahlreiche Sorten losen Tees nach Gewicht wie die Annoncen in den hannoverschen Adressbüchern belegen. Herkunft und Sortenvielfalt des Tees spielten für die Kund-

## Teezubereitung

Der Theeaufguß pflegt überall nach einer und derselben Manier vor sich zu gehen. Man giebt nämlich in eine erwärmte Theekanne von zwölf Schalen Inhalts, einen Becher voll von dem besten Thee, welcher ungefähr zwei Loth faßt (1 Loth sind ca. 15g, d.V.), und übergießt den Thee mit einer Tasse voll kochendes Wasser, deckt ihn gut zu und lässt ihn einige Minuten ziehen, damit er darin aufquellen kann; hierauf wird die Theekanne mit kochendem Wasser, jedoch nur so, dass noch fingerbreit an der Füllung der Kanne fehlt, und dass er nicht überlaufe, voll angefüllt. Nach zwei Minuten kann der Thee schon servirt werden; man füllt die Kanne auf's Neue mit kochendem Wasser, und nach vier Minuten ist dieses mit dem Geschmacke und lieblichen Geruche der Theeblätter gesättigt, und kann wieder gebraucht werden. Gießt man den Thee zum drittenmale auf, so muß man zwei Theelöffel voll frischen Thee dazu thun, wonach derselbe dann mit dem besten Erfolge zum drittenmal wieder nach einigen Minuten servirt werden kann.

Aus: Johann Rottenhöfer: Der elegante wohlservirte Kaffee- und Theetisch mit Abbildung der Kaffee- und Theepflanze und mehrere der neuesten Kaffee-Kochapparate, München 1864. S.110.

schaft bereits eine große Rolle. Möglicherweise gab es auch Teezubehör wie Kessel, Siebe, Stövchen und Geschirr aus China zu kaufen. Wo könnte man besser beraten werden als in einem Spezialgeschäft? Die genauen Beweggründe des Geschäftsmanns Seeger sind nicht bekannt, aber die Nachfrage scheint

ihm recht gegeben zu haben. Auch wenn die konsumierte Teemenge nicht genauer ermittelt werden kann, machte Seeger wohl ein gutes Geschäft. Wer waren die konsumfreudigen Teetrinker, die auch gleich die süßen Schokoladenkreationen dazu genießen konnten?

### „Sie saßen und tranken am Teetisch…" (Heinrich Heine)

„Thee, der ursprünglich auch in China nur als Arznei und im Anfange des siebenzehnten Jahrhunderts noch nicht getrunken wurde, darf jetzt in keinem Hause, und bei einer geselligen Vereinigung nie fehlen", vermerkte Burchard Christian von Spilcker 1819 in seiner Beschreibung der Königlichen Residenzstadt Hannover.[11]

Im Adressbuch von 1845 heißt es in einem Kapitel über die „Lebensweise" in Hannover: „Kaffee und Thee wird viel getrunken; letzterer fehlt in den Abendgesellschaften selten."

Wie haben wir uns diese Abendgesellschaft vorzustellen? Die „Oeconomische Encyclopädie" von Krünitz gibt uns eine erste Vorstellung:

„In Hinsicht der Theetrinkgesellschaften oder der Theezirkel, so ist damit gewöhnlich ein frugales Abendbrod verbunden, und ist dieses der Fall, so nehmen in der Regel auch Herren Theil. Der Thee wird mit Milch und Rum, oder Baseler Kirschwasser, oder Marasquin etc. präsentirt, und dazu Theezwiebäcke oder dünne Klappbutterbröde. Bei einer glänzenden Theegesellschaft paradirt eine geschmackvolle Theemaschine auf einem Nebentische, über einer brennenden Spirituslampe. In diese Maschine wird immer das aus der Küche geholte warme Wasser gegossen, damit stets siedendes Wasser zum Aufgusse auf den Thee in der Theekanne vorhanden ist. Das Theeservis besteht aus gemalten und vergoldeten Theetassen, gewöhnlich von verschiedener Zeichnung oder Malerey, um sie leicht beim Herumgeben des Thees zu erkennen, wem sie zuerst vorgesetzt worden, damit man beim weitern Eingusse des Thees die Tassen nicht verwechselt. Deshalb nimmt man nicht gern ganz weiße Tassen bei großen Gesellschaften, um eine Verwechselung zu verhüten."[12]

Ernst Brandes, bürgerlicher Beamter der geheimen Staatskanzlei in Hannover, war auch publizistisch tätig und klärte 1790 „Über die gesellschaftlichen Vergnügungen in den vornehmsten Städten des Churfürstenthums" genauer auf:

„Große gebetene Gesellschaften (…) finden sich in Hannover fast nur im sogenannten 2ten Range, (…). Diese Gesellschaften nennt man große Kaffees. In der Hauptstadt werden sie itzt große Thees genannt, da die Gesellschaft sich seit 10 bis 15 Jahren erst zwischen 5 und 6 Uhr zu versammeln pflegt, was in früheren Zeiten eine Stunde früher geschah. Um 8 Uhr ging damals, wie auch gegenwärtig in den übrigen Städten, alles auseinander, da man itzt bis 9 beysammen bleibt. Die Erfrischungen, die in den Assembleen, Kaffees und Thees gereicht werden, bestehen in den benannten Getränken, benebst Beiwerk und im Sommer giebt man auch Limonade und Früchte."[13]

Brandes selber gab eine plausible Erklärung für die später anberaumten Zusammenkünfte:

„Im ersten Range sind sehr viele Personen, die entweder gar keine Geschäfte haben, als die Hofleute, oder solche, denen ihre Amtspflichten nicht viele Zeit rauben, als das Militair. (…) diese Menschen können doch ihre besten Stunden der Gesellschaft widmen, und brauchen diese nicht hinter dem Schreibtische zu verleben, wo die vom zweyten Range, fast lauter Geschäftsmänner, sie zubringen."[14]

Offensichtlich spielte hier Zeitökonomie und Selbstver-

ständnis der Beamtenschaft eine konsumregulierende Rolle. Zum Abend hin bevorzugte man die anregende Wirkung des Tees gegenüber der „erregenden" Wirkung des Kaffees, denn beim Kaffee wirkt das Koffein über das Herz vor allem auf den Kreislauf, im Tee hingegen das Teein auf Gehirn und Zentralnervensystem. Darum fehlt dem Tee die aufputschende Wirkung. Seine belebende Wirkung setzt später ein, hält dafür aber länger an.

Der Blick nach oben und die Nachahmung aristokratischer Vorbilder – der Kurfürst von Hannover war in Perso-

Teekanne mit Rechaud als optische Einheit

63

nalunion König von Großbritannien - dürfte außerdem dazu beigetragen haben, dass man sich „in den gehobenen Kreisen Hannovers (…) in einer gewissen vordergründigen Anglomanie gefiel" und mit dem 5-Uhr-Tee Londoner Gepflogenheiten nacheiferte.[15]

Brandes stellte in seiner Schrift auch fest, dass der Weinkonsum seit 10 bis 15 Jahren, „aus mir unbekannten Ursachen, sehr abgenommen hat." Christian L.A. Patje, ebenfalls Beamter der staatlichen Verwaltung in Hannover, bestätigte diese Einschätzung, wenn er bedauernd feststellte „Der Wein öffnete des Menschen Herz; das geschah bei unseren Vorfahren mehr als jetzt: aber sie tranken auch mehr und bessern Wein als ihre Nachkommen. Eine Flasche Wein hatte mehr Effect als Eimer voll Theewasser."[16]

Patjes Blick zurück drückte eine gewisse Verachtung für den aufgeklärten Zeitgeist aus, der sich auch in veränderten Konsumbedürfnissen niederschlägt.

Die eher „nüchterne" Zusammenkunft einer privaten Teegesellschaft hatte ihr institutionelles Pendant im Club oder Kaffeehaus (wo auch Tee ausgeschenkt wurde!). Hier wie dort ging es um Unterhaltung in gepflegter Atmosphäre und nicht bei weinseliger Laune, um kulturellen und politischen Austausch, um das Vergnügen an Gespräch und Debatte über die alten Standesgrenzen hinweg. Im Gegensatz zu den Clubs und Kaffeehäusern konnten an den Teegesellschaften im häuslichen Umfeld auch die Frauen teilnehmen.

Es ist eher unwahrscheinlich, dass die neuen Heißgetränke den Alkoholkonsum generell reduziert haben. Diese regionalen Beschreibungen unterstreichen aber den stetigen Wandel der Konsumgewohnheiten, zu-

nächst in den wohlhabenden bürgerlichen Gesellschaftsschichten. Die beiden hannoverschen Chronisten sind Gewährsmänner des zweiten Standes, der „hübschen Familien", abgeleitet von plattdeutsch „höpisch" gleichbedeutend mit höfischen Familien. Diese zeitgenössische Umschreibung charakterisiert jene bürgerlichen Kreise, die in den höheren Dienstgraden der königlich-kurfürstlichen Regierung Ämter bekleideten und bei Hofe zugelassen waren.

### Citronenmelisse und Bergpetersilie

Kaffee und Tee verloren um die Wende zum 19. Jahrhundert aufgrund fallender Preise ihren exklusiven Charakter. Auch wenn Tee deutlich teurer war als Kaffee, kam auch der bürgerliche Mittelstand in den Teegenuss. Tee kam im Gegensatz zu Kaffee und Kakao als trinkfertiges Produkt in den Handel, das im Verbrauch sehr ergiebig war. Für einen Teeaufguss benötigt man nur ein Drittel bis ein Viertel im Vergleich zur Kaffeemenge. Hinzu kam die durchaus verbreitete Gewohnheit, die Ergiebigkeit durch mehrere Aufgüsse zu steigern.

Als Alternative zum teuren China-Tee boten sich Kräutertees an. Die preußische Verwaltung versuchte 1768, im Vorfeld ihrer Verbots-Verordnung, ihren Untertanen, zu denen auch die Ostfriesen gehörten, Kräuter als Ersatzmedizin und Genussmittel nahezulegen:

„Werden wir nicht viel besser thun, wenn wir Citronenmelisse, und noch mehr die bei uns überall wildwachsende Bergpetersilie eben so wie Thee brauchen und trinken? Diese Kräuter sind ebenfalls gewürzhaft und herbe, ihr Geschmack ist angenehm, sie stärken die Nerven, sie reinigen und verdünnen das Geblüt, sie sind überall frisch und unver-

„Es ist doch ganz unglaublich Liddy, wie solid du jetzt bist? Wie verträgst du das nur?" – „Oh, wenn man in der Tugendhaftigkeit erst einige Routine hat, geht es auch so."
„Training", Karikatur im Simplizissimus, Entwurf: J. Gosé, 1911

64

fälscht zu haben, und der Preis ist beträchtlich geringer."[17] Der Erfolg blieb allerdings aus.

Die zeitgenössischen Einschätzungen über die Teesurrogate waren recht kritisch:

In Zedlers Universallexikon ist von „viel Receptgen von Kräuter-Theen" die Rede, so „daß man bey nahe für alle Kranckheiten Vorrath findet, und weiter keine Medicamente in der Welt noethig hätte, wenn sie so würckten, wie sie solten. Was für Glauben hat nicht der Schweizer-Thee, der Hamburger Gesundheits-Thee, Hultazobs balsamischer Thee, der so genannte lange Lebens-Thee, der Lungen- und Leber-Thee und anderer Krahm mehr bey den Leichtgläubigen und Einfältigen gefunden?[18]

In der Oeconomischen Encyclopädie werden erhebliche Zweifel laut, „ob sie (die Surrogate, d. V.) aber zum allgemeinen Theegebrauche auch auf die Dauer den Zweck des Chinesischen und Japanischen Thees erfüllen, (…); denn dieser hat etwas Angenehmes, ohne als Arzney zu wirken,(…) Dann kommt noch hinzu, daß alle diese Surrogate wohl schwerlich das Privilegium eines gesellschaftlichen Erheiterungsmittels erhalten werden und es auch nicht erhalten können. (…) mithin müßte man doch wieder zum Chinesischen Thee zurückkehren, ihn wenigstens im Hause haben, wenn man einen Freund oder eine Gesellschaft bittet, und besonders werden die Damen sich schwerlich zu einem Surrogate entschließen, und noch weniger zu einem Gemische aus Surrogaten."[19]

Das schon geräumte Geschäftshaus Seeger in der Köbelingerstraße kurz vor dem Straßendurchbruch, um 1885, Stadtarchiv Hannover.

Es ist neben dem gesundheitlichen natürlich auch der aufmunternde, gesellige Aspekt, der dem fernöstlichen Tee (auch dem Kaffee) von seinen Befürwortern zugesprochen wurde und zur Verbreitung und Etablierung des Heißgetränks beigetragen hat.

### „Preiswürdige Mittelsorten Thee" in Hannovers City

Der Tee in Seegers Offerten kam zunächst ausschließlich aus China. Die Gestaltung der Seegerschen Anzeigen mit chinesisch anmutenden Ornamenten rückte die Herkunft des Tees in den Blick. Da es nur sehr beschränkte Möglichkeiten der publizistischen Werbung gab, nutzte Seeger regelmäßig die jährlich erschienenen Adressbücher, um auf seine Produkte aufmerksam zu machen. Die abgedruckte Anzeige von 1847

Das Geschäftshaus am Theaterplatz 15, um 1910, Stadtarchiv Hannover.

Werbung der Teehandlung Seeger, um 1930, Stadtarchiv Hannover. Neben dem Handel mit Tee aus allen Anbaugebieten der Welt ist die Kaffeerösterei der wichtigste Geschäftszweig. Kakao und Schokolade spielen nur noch eine untergeordnete Rolle.

erschien deshalb in nur wenig veränderter Form über 30 Jahre lang bis 1879. Die neuen Teesorten aus Indien und Ceylon fanden in dem „Verzeichnis einer Auswahl preiswürdiger Mittelsorten Thee" noch keine Berücksichtigung.

Die Seegersche Anzeigen bewarben die beliebten und gängigen chinesischen Teesorten, ein Hinweis darauf, dass die Firma ein breites Publikum ansprechen wollte. Neben schwarzem und grünem Tee bot Seeger Gruss-Tee (auch Grusthee) an. Das waren die bei der Teesortierung abgesiebten Bruch-

stücke der Blätter.[20] Kräuterteemischungen kaufte die städtische Bevölkerung in der Apotheke, die Landbewohner sammelten sie in Wald und Flur.

1882 verstarb der Geschäftsgründer Friedrich Jacob Seeger. Sein Schwiegersohn Friedrich Volger hatte als Geschäftsführer bereits 1875 die Regie übernommen

Nach knapp 40 Jahren in der Altstadt, zuletzt in der Nähe des Alten Rathauses in der Köbelingerstraße, eröffnete der neue Firmeninhaber 1884 vorübergehend eine Filiale in die

Georgstraße 13A, Ecke Karmarschstraße, in dem von Hubert Stier 1881 neu erbauten Haus Brackebusch. Die Firma profitierte dabei vom größten hannoverschen Bauprojekt der Gründerzeit. Zwischen 1880 und 1890 entstand zwischen Georgstraße und Frederikenplatz eine neue Straßenverbindung quer durch die Altstadt. Unter der Federführung des Bauunternehmers Ferdinand Wallbrecht entstand die Karmarsch- und Grupenstraße. Dafür mussten zahlreiche Altstadthäuser abgerissen werden. Auch das Geschäftshaus der Seegers in der Köbelingerstraße stand dem Straßendurchbruch im Weg. Die Stadt kaufte die Häuser auf und ließ sie abreißen. 1887 erwarb

Volger ein neues Grundstück am Theaterplatz 15 (später Rathenaustraße), direkt neben dem Café Robby (später Café Kröpcke). Vermutlich wären die Inhaber der Firma diesen zunächst unfreiwilligen Schritt ohnehin gegangen, denn die Altstadt hatte durch den Bau des Bahnhofs und der Ernst-August-Stadt ohnehin ihre wirtschaftliche Zentrumsfunktion und Einkaufsattraktivität für Hannover eingebüßt. Das neue Domizil von Tee-Seeger gehörte zu den Toplagen der neuen City. Friedrich Volger und später sein Sohn Paul führten dort das Geschäft bis in die 1930er Jahre, 1937 übernahm ein Neffe, Robert Wilms, die Leitung.

Bei zwei schweren Bombenangriffen auf Hannover im Juli und Oktober 1943 wurden weite Teile der Innenstadt zerstört. Auch Tee-Seeger verlor sein altes Geschäftshaus. Nach dem Krieg nahm das Unternehmen den Betrieb in einer Baracke vor dem Opernhaus wieder auf. Zum 1. April 1951 erwarb der Kaufmann Walter Koch (1911-1998) das Teegeschäft und bezog den Neubau am alten Ort in der Rathenaustraße 15. Koch hatte 1948 bereits die Machwitz Kaffee GmbH übernommen und kaufte in den folgenden Jahrzehnten alle großen Kaffeeröstereien Hannovers auf (1966 Wilh. Eichhorn Kaffeerösterei, 1971 Ernst Grote AG).

Heute firmieren Tee- und Kaffeehandel in Hannover unter dem Machwitz-Dach. Tee-Seeger blieb aber als Markengeschäft am Kröpcke erhalten.[21]

### Einfach Tee erleben!

In den 1970 Jahren kam neuer Schwung in das Teegeschäft. Das Teetrinken erlebte eine Renaissance durch die linke alternative Szene. Einige „Hippis" hatten die asiatische Teekultur, z.B. in Indien, selber kennengelernt.

Bei Räucherstäbchen und Schwarztee mit wechselnden Aromen – Vanille war sehr beliebt – diskutierte man wahlweise über Frauenemanzipation, Militäreinsätze oder Atomkraft. Mit der zeitgemäßen Ausstattung aus rotbrauner Teekanne und entsprechenden Schälchen konnte man sich in den neuen Teeläden „eindecken". Der Kleine Teeladen in der Ballhofstraße machte dem exklusiven Tee-Seeger 1976 als erster Konkurrenz. Immerhin erhöhte sich die Anzahl bis 1980 auf 6, 1885 auf 10 Teefachgeschäfte. Das bekannteste Label

*Der Teeladen* expandierte seit 1978 als Franchiseunternehmen in ganz Deutschland und firmiert seit 1999 unter dem Namen *TeeGschwender* auch in Hannover.

Außerdem besuchten die passionierten Teetrinker keine Cafés, sondern das neue Teestübchen am Ballhofplatz, wo

## GEDICHT DER SIEBEN SCHALEN TEE

Die erste Tasse netzt mir Lippen und Kehle.
Die zweite verscheucht meine Einsamkeit.
Die dritte durchdringt mein unfruchtbares Inneres, um darin nichts weiter als einige fünftausend Ideogramme zu finden.
Die vierte Tasse erregt einen leichten Schweiss - alles Schlechte des Lebens schwindet durch meine Poren dahin.
Bei der fünften Tasse bin ich geläutert;
Die sechste ruft mich ins Reich des Unvergänglichen.
Die siebente Tasse - ah, aber ich kann nicht Weitertrinken.
Ich fühle nur den kühlen Windhauch, der sich in meinen Ärmeln fängt. Der Horai-san (das chinesische Elysium), wo liegt er? Lasst mich mit diesem lieblichen Windhauch segeln und dorthin schweben.

(Lu T´ung) aus der Tang-Zeit (618 – 907 n. Chr.)

ihnen seit 1970 über 30 Teesorten geboten und – ganz wichtig - auch fachmännisch zubereitet werden.

Der Rückblick eines anonymen Internetnutzers spricht vielleicht einigen Konsumenten aus dem Herzen: „was aromatisierten schwarztee angeht, habe ich noch ein siebzigerjahretrauma!"

Die jungen Konsumenten sollen erneut als Zielgruppe gewonnen werden, denn „der Teemarkt altert tendenziell" wie Konsumforscher feststellen. Der Deutsche Teeverband hat deshalb eine neue Imagekampagne im Internet gestartet: *tea-up-your-day.de* . Die knallbunte Homepage soll ein junges Publikum umwerben. Unter dem Motto „Tee ist

cool" können Teefans selbst gedrehte Videos online stellen und sich über Lieblingsrezepte austauschen: Erdbeertee mit Pfeffer, Jaga-Tee mit Rotwein, arabischer Tee mit Milch. Tee soll zu einem „In-Getränk" junger Menschen werden. Im Supermarkt heißen die Teebeutelpäckchen deshalb verheißungsvoll: *Oh-happy-day, Sweet Kiss* oder *Süßer Teufel*. Andere Sorten greifen den Wellness-Trend auf: *Harmonie* oder *Momente der Entspannung*.

Nomen ist Omen auch hier: *Teelirium* heißt seit 2005 die erste Teelounge Deutschlands in Frankfurt. Der Gast soll „Einfach Tee erleben!", übrigens in einer „kosmopolitischen" Oase wie die Inhaberin betont, denn die Räume folgen gestalterisch weder der englischen noch asiatischen Teetradition.

Wer den schnellen Konsum liebt, nimmt den Pappbecher in die Hand:

Die durchsichtigen Beutel mit Papplasche hängen in 0,3 bis 0,4 Liter großen Bechern. Nach der Ziehzeit des Tees wird an der Papplasche gezogen, dabei bleibt der Beutel in einer Kammer im Deckel stecken – und das lästige Entsorgen dem Teetrinker erspart. Der Tee wird durch eine Öffnung im Deckel wie beim „Coffee-to-go"-Becher getrunken.

„Ob ich morgen lebe, weiß ich freilich nicht. Aber daß ich, wenn ich morgen lebe, Tee trinken werde, weiß ich gewiß", versicherte Gotthold Ephraim Lessing. In diesem Sinne: Vergessen Sie den Lärm der Welt und trinken Sie Tee.[22]

Teeservice „Central Park", Fürstenberg 2003

68

**Anmerkungen**

1 Arend Vollers, Tee, München 1996, zit. n.: Tee. Eine kleine kulinarische Anthologie, Stuttgart 1998, S. 124.

2 Über Thee in Zedlers Universal-Lexikon, Bd. 43 (1745), zit.n. www.**zedler**-lexikon.de

3 1708 gelang unter Führung von Johann Friedrich Böttger und Ehrenfried Walther von Tschirnhaus erstmals die Herstellung des weißen Porzellans. Am 23.01.1710 gab die sächsische Hofkanzlei ein „allerhöchstes Dekret" heraus, worin die Erfindung des Porzellans und die Gründung einer Porzellan-Manufaktur in Meissen bekanntgegeben wurden.

4 Vg. Anm. 2

5 Vg. Anm. 2

6 Philippe Sylvestre Dufour, zit. n. Curt Maronde, Was sagen die Ärzte zum Tee?, aus: Tee. Eine kleine kulinarische Anthologie, Stuttgart 1998, S. 137.

7 Über die Schwierigkeit, den Konsum von Kaffee und Tee zu ermitteln, vgl. Wieviel Kaffee tranken die Hannoveraner zwischen 1750 und 1850 denn nun wirklich? In: Kaufhold, Karl Heinrich, Denzel, Markus A. (Hg.), Der Handel im Kurfürstentum/Königreich Hannover (1780 – 1850), Stuttgart 2000, S. 138-179.

8 Zit. n. Peter Albrecht, Von den Bemühungen, den Kaffeeverbrauch rechts und links der Weser in der zweiten Hälfte des 18. Jahrhunderts einzuschränken, in: Die Kaffeegesellschaft, Fürstenberg 1982, S. 63.

9 Zit. n. Ludwig Hoerner, Arme Leute – Reiche Leute, Bd. 2: Zitatensammlung zum Buch, Hannover 2002, S. 96ff.

10 Ludwig Hoerner, Agenten, Baader und Copisten, Hannoversches Gewerbe-ABC, Hannover 1995, S. 444.

11 Spilcker, Burchard Christian von, Historisch-topographisch-statitistische Beschreibung der königlichen Residenzstadt Hannover, Hannover 1819, Nachdr. 1979, S. 35.

12 Oekonomische Encyklopädie oder allgemeines System der Staats- Stadt- Haus- und Landwirthschaft ist der Titel einer der umfangreichsten Enzyklopädien des deutschen Sprachraums. Das von J.G. Krünitz begründete Werk erschien 1773 bis 1858 in 242 Bänden. Bd 182. Thee - Thier , erschienen: $^1$1844, zit. n. www.kruenitz1.uni-trier.de

13 Assemblée (frz.), Gesellschaft, Abendgesellschaft. Brandes, zit. n. Henning Rieschbieter, Hannoversches Lesebuch, Bd.1, Hannover 1992, S. 151.

14 Brandes, zit. n. Henning, Rieschbieter, Hannoversches Lesebuch, Bd.1, Hannover 1992, S. 152.

15 Hannover im Glanz des britischen Weltreiches, Ausstellungskatalog des Historischen Museums Hannover, Hannover 1977, S.30. Das Kurfürstentum Hannover wurde von 1714 bis 1837 in Personalunion mit Großbritannien von London aus regiert.

16 C.L.A. Patje, Wie war Hannover? Hannover 1817, zit. n. Henning Rieschbieter, Hannoversches Lesebuch, Bd.1, Hannover 1992, S. 91.

17 Das Königlich=Preußische Polizey=Direktorium 1768, zit. n. Oekonomische Encyklopädie, Bd. 182: Thee - Thier , www.kruenitz1.uni-trier.de

18 Zedler, Bd. 43 (1745), zit.n.www.**zedler**-lexikon.de

19 Oekonomische Encyklopädie, Bd. 182: Thee - Thier , www.kruenitz1.uni-trier.de

20 Vgl. Gustav Adolf Buchheister , Handbuch der Drogisten-Praxis,Berlin1893, zit. n. www.retrobibliothek.de

21 Vgl. Seeger, in: Mlynek, Klaus; Röhrbein Waldemar R. (Hg.), Stadtlexikon Hannover, Hannover 2009, S. 560.

22 In Deutschland werden im Jahr etwa 25 Liter Tee pro Kopf getrunken, beim Kaffee sind es fast sechsmal so viel. Weltweit werden knapp 4 Millionen Tonnen Tee produziert. Marktführer ist China mit über einer Million Tonnen, gefolgt von Indien, Kenia und Sri Lanka. Nach Wasser ist Tee das meistgetrunkene Getränk der Welt.

Aus: Johann Rottenhöfer: Der elegante wohlservirte Kaffee- und Theetisch mit Abbildung der Kaffee- und Theepflanze und mehrere der neuesten Kaffee-Kochapparate, München 1864. S.110.

Kakao und Schokolade

# *Eine zarte Versuchung*

Andreas Urban

Den chocolat findt ich zu süß"[1], meinte 1712 die in Versailles lebende Hofdame Liselotte von der Pfalz, die den exotischen Importen aus dem Orient und der Neuen Welt distanziert gegenüber stand: „All das frembdt Zeug ist mir zuwider!", so ihr Kommentar zu den am stilbildenden französischen Fürstenhof des Barock so geschätzten Modegetränken. Denn als der Kakao zeitgleich mit den anderen Genussmitteln Kaffee und Tee nach Europa kam, entwickelte er sich zunächst in Spanien, dann ganz allgemein zu einem Element der höfischen Kultur. Wie die französische Sprache, Tabakdosen, Fächer, modische Kleidung, Tanzformen, Körperhaltungen und Zeremonien zählte der Kakao, oder besser: das aus ihm gewonnene Getränk Schokolade zu den Statussymbolen der höfischen Gesellschaft.

### Der luxuriöse Kakao

Auf Grund des aufwendigen, mühseligen Herstellungsverfahrens war die Schokolade, gekocht mit Zucker, Zimt, Vanille, Milch, Wasser, Wein und anderen Zutaten, teuer. Zwar boten auch die Kaffeehäuser neben dem arabischen Kaffee und dem chinesischen Tee Schokolade an. Der eigentliche Ort des kultivierten Konsums dieses Getränks war jedoch der Hof, genauer das Boudoir. Dieser Schlaf- und Wohnraum war nicht, wie in der bürgerlichen Familie üblich, gegenüber der Öffentlichkeit abgeschlossen. Für die Hofleute war er zugänglich. Die Dame empfing hier ihren auch männlichen Besuch. Kakao enthält Theobromin und nicht Koffein, wirkt also nicht anregend und ernüchternd. Dafür hat er einen hohen Nährwert. Auf Grund dieser Eigenschaft wurde dem Kakao nachgesagt, er fördere die sexuelle Lust und stärke die männliche Potenz. Schokolade, zum Frühstück oder zu anderen Gelegenheiten im Bett genossen, galt in höfischen Kreisen als Accessoire des Spiels mit der Erotik, der Kunst der Verführung und der Liebe. Aus praktischen Gründen wurde für den liegenden Konsum der luxuriösen Schokolade sogar eine besondere Tassenform, die Trembleuse, gestaltet (siehe links, Fürstenberg 1775/80). Der kragenartige Ring auf der Untertasse wirkte wie eine Rutschsicherung, so dass dem Genuss der Schokolade im Bett nichts entgegen stand.

Der kritische Kommentar des fürstbischöflichen Leibarztes von Hildesheim aus dem Jahr 1696 lässt erahnen, dass es ihm darum ging, dem zweideutigen Ruf des Kakaos entgegen zu wirken: „Gleich es dann auch nicht zu leugnen / dass woll viele mehr zur Galanterie und Wollust / als zur Beförderung der Gesundheit selbe verwenden. Nichts desto weniger / wann sie frisch / unverfälscht und auffrichtig gemachet jemand zu Handen kömbt / so muß man ihr doch in Betrachtung derer herrlicher dazu komender Specereyen wenigstens diesen Ruhm lassen / dass sie noch woll vor eine ziemliche Artzney / die zu Stärckung des Magens / der Glieder und Kräffte das ihrige herbey trage / passiren köne. Gleich denn der täglichen Praxis zeuget / wie sie nicht allemahl zur Erweckung der Fleisches-Lust / als den(n) Autori ihr fälschlicherweise anzudichten beliebe(n) / besondern in vielen andern Gebrechen mit guten Nutzen gebrauchet werde."[2] Obgleich dem der Kirche

Kanne für Kaffee und Schokolade (Verseuse), Silber, 18. Jahrhundert

71

Kaffeekanne, Kupfer mit Holzstiel, Ende 18. Jahrhundert.
Auch Schokolade wurde in solchen Kannen gekocht.

Im Vergleich zu Kaffee und Tee kostete eine Tasse Schokolade im ausgehenden 18. Jahrhundert drei- bis viermal so viel. Es wurden große Mengen Kakao für eine Tasse benötigt, da durch Rösten und Entschälen nur ein kleiner Teil des Rohmaterials verwertet werden konnte. Zudem war die Zubereitung - Rösten, Brennen, Zerkleinern, Zerreiben – mit mühevoller und langwieriger Handarbeit verbunden. Die Zutaten, zum Teil exotische Gewürze aus Übersee, waren kostspielig. Zur Vereinfachung der Zubereitung verwendeten Kaffeehauswirte vorgefertigte Schokoladenblöcke, von denen sie die benötigte Menge abraspelten und mit Flüssigkeit aufkochten. Diese Schokolade wurde wegen des hohen Preises und der Besonderheit in Gewürz- und Materialhandlungen, vergleichbar den heutigen Delikatessengeschäften, verkauft.[3] Im Vergleich zum ungleich beliebteren Kaffee war die Menge des importierten Kakaos in der Residenzstadt Hannover um 1800 gering.[4]

### Eine neue Schokoladenkultur

Bereits an den Adelshöfen des 17. Jahrhunderts und in den Chocolaterien und Konditoreien hatte es Konfekt aus Kakao, der mit Zucker, Gewürzen und Marzipan vermischt war, gegeben. 1795 warb der hannoversche „Canditor und Coffee-Schenker" Bernhard in frühen hannoverschen Zeitungen damit, dass bei ihm „alle mögliche Sorten von Chokolade zu haben sind".[5] Zu Beginn des 19. Jahrhunderts gelang es dann, weitere populäre Produkte aus Kakao zu entwickeln, die am

nahe stehenden Mediziner die Schokolade nicht schlecht gemundet zu haben schien, war es ihm doch wichtig, deren heilende Wirkungen zu betonen und die sexuellen Anspielungen abzuwerten. Wie auch immer die Wirkung des Kakaos auf die Leidenschaften gewesen sein mag, die exklusive, galanterotische Trinkschokolade eignete sich für die Hofgesellschaft vorzüglich, um Distanz zum geschäftigen Bürgertum und zum arbeitenden Volk zu demonstrieren. Dieses erhielt mit Kaffee die notwendige Nüchternheit, jenes mit Bier die lebenserhaltende Nahrung und Stärkung.

Schokoladentasse, Fürstenberg 1790

Ende des Jahrhunderts auch auf Grund des sinkenden Preises für die Kakaobohnen für die breite Masse der Bevölkerung erschwinglich wurden. Die Tradition des aristokratischen Schokoladenkonsums endete damit. Der Kakao wurde gewissermaßen verbürgerlicht.

1828 gelang es dem niederländischen Apotheker Coenraad Johannes van Houten, ein Verfahren zur Entfettung des Kakaos zu entwickeln. Durch den Entzug der Kakaobutter konnte die verbleibende Masse zu Pulver gemahlen werden. Dieses Kakaopulver war besser verdaulich und weniger nahrhaft als die bis dahin konsumierte Trinkschokolade. Außerdem war pulverisierter Kakao die Voraussetzung für die

Werbeanzeige „Sprengel Cremosa", aus: Illustrierte Zeitung – Kulturbilder aus Deutschland, 20.04.1911

Wandkalender der Firma Sprengel, 1898

Album für Sammelbilder der Schokoladenfabrik Sprengel, um 1900

73

Entwicklung weiterer sowohl flüssiger als auch fester Produkte, die erfolgreich vermarktet werden konnten. Die von dem Schweizer Chocolatier Daniel Peter in den 1870er Jahren entwickelte Milchschokolade und die von Rodolphe Lindt in den 1880er Jahren unter Verwendung spezieller Reib- und Walzmaschinen, sogenannter Conchen, hergestellte Schmelzschokolade (chocolat fondant) beflügelten die Nachfrage und den Aufschwung der industriellen Schokoladenproduktion.[6]

Insbesondere die mit Milch und anderen Zutaten verfeinerte Tafelschokolade erwies sich als Verkaufsschlager, weil sie offensichtlich dem Bedürfnis nach einer einfachen, aber schmackhaften Süßigkeit entsprach. Die durch die Beimengung von Zucker liebliche Schokolade wurde im 19. Jahrhundert zu einem Symbol für „das Süße" schlechthin. Entsprechend den vorherrschenden Geschlechtsrollenklischees des männlich geprägten 19. Jahrhunderts wurde Schokolade zu einem Accessoire der Lebenswelt von Kindern und Frauen: als Frühstücksgetränk, als

Sprengel Vollmilch Schokolade, Probedruck der Verpackung, Entwurf: Wilhelm Heseler, um 1930

Konfekt oder als süße Verführung in Geschenkverpackungen.

**Schokolade aus Hannover**

Im Zuge der Mechanisierung der Kakaoverarbeitung etablierte Bernhard Sprengel 1853 in Hannover eine zuvor in Harburg gegründete „Fabrication von Chocolade, Bonbons und Conditoreiwaaren". Hatte Sprengel im damals zum Königreich Hannover gehörenden Harburg vor allem den Freihafen Hamburgs ohne Zollschranken und mit bester Verbindung nach Übersee geschätzt, so war es in Hannover die Nähe zu den Zuckerrübenfabriken und die verkehrsgünstige Lage im Landesinneren. Wichtiger noch war aber wohl, dass, wie es in Sprengels Gesuch auf den Erwerb des Bürgerrechts beim Magistrat der Stadt Hannover von 1855 hieß, „hier in Hannover und dessen Nähe ein ähnliches Geschäft nicht existirte"[7], also kein „Chocolade-, Bonbons- und Conditoreiwaaren-Fabrikant" in Hannover ansässig war.

Seine erste Fabrik mit Dampfmaschine errichtete Sprengel in der nah am Bahnhof gelegenen Hallerstraße (Oststadt). Das Geschäftskontor lag in der Steintorstraße in der Nähe des Ladengeschäftes an der Georgstraße 24 (später 16). Klugerweise stellte Sprengel zunächst Chocolatiers aus dem hinsichtlich der Schokoladenproduktion fortschrittlicheren Frankreich ein. Und er hatte Erfolg. Das Warensortiment war bereits in der Frühzeit der Fabrik breit gefächert, wie eine Produktliste aus der Zeit um 1860 zeigt. Allein die Bezeichnungen der Schokoladen vermitteln den Eindruck hoher Gewerbekunst und ausgeprägten Vermarktungsgeschicks: „Trink-Chocoladen" beispielsweise „Extrafeine doppelt vanillirte Chocolade von feinstem Carracas-Soconusco-Cacao in weissem Glacé-Papier mit Golddruck"; Sanitäts-Choco-

Sprengel's Cacao, Chocolade, Emailleschild, um 1890

laden beispielsweise „Eisen-Chocolade gegen Blutarmuth und Bleichsucht in lila Naturell-Papier", weiterhin: „Bittere Chocoladen, Cacaomasse, Entölte pulverisirte Cacaos, Speisechocoladen, Cacaobutter, Bonbons, Dragées, Cakes und Bisquits".[8]

Sprengel folgte der fortschreitenden Technisierung der Schokoladenfabrikation. Für den aufwendigen Produktionsprozess erwarb er die innovativsten Maschinen aus Dresden. Dazu gehörten Röst- und Walzmaschinen zur Ver-

Sprengel India Pralinen, Probedruck der Verpackung, Entwurf: Wilhelm Heseler, um 1930

arbeitung der Kakaobohnen, Melangeure zum Mischen von Kakao, Zucker, Kakaobutter und weiterer Zutaten sowie sogenannte Conchen, die durch Reiben und Walzen der Mixtur eine zart schmelzende Schokoladenmasse erzeugten. Die Entwicklung der Technik führte zu größerem Raumbedarf: Bernhard Sprengel ließ 1885 in der Schaufelder Straße (Nordstadt) eine neue Fabrikationsanlage errichten, aus der Produkte in die ganze Welt exportiert wurden. Die ursprünglich zum Betrieb gehörende Cakes-Fabrikation verkaufte

Sprengel 1912 an das auf dieses Produkt spezialisierte Unternehmen von Hermann Bahlsen. 1923 brachte Sprengel mit der Pralinenpackung „India" den ersten klassischen Markenartikel im Bereich der Pralinenherstellung auf den Markt.

Wie viele Traditionsunternehmen ging Sprengels Schokoladenfabrik im allgemeinen Prozess wirtschaftlicher Konzentration im 20. Jahrhundert unter. 1979 wurde das kurz zuvor von Nabisco Inc., New York übernommene Unternehmen zunächst an den Konkurrenten Stollwerk verkauft. Daraufhin wurden das Werk in der Schaufelder Straße und der Sprengelladen in der Georgstraße geschlossen. Bis zur endgültigen Aufgabe der Schokoladenfertigung in Hannover 2001 wurde die

Schokoladenfabrikant Bernhard Sprengel (1825-1902), Öl auf Leinwand, 1865

Titelseite eines Preisbuchs der Schokoladenfabrik B. Sprengel, 1893-95

75

Ansicht des Fabrikgebäudes der Firma Sprengel in der Schaufelder Straße 29 (Nordstadt),
Aquarell von Jakob Weeser-Krell, 1895 (Leihgabe Stollwerk AG, Köln)

Produktion in dem 1967 eröffneten Werk Vinnhorst weiter geführt.[9]

### Die „Holländische Kakao -Stube"

Die „Holländische Kakao -Stube" ist eine weitere prominente hannoversche Adresse, die mit der Verarbeitung von Kakao in Zusammenhang steht. 1895 war in der Ständehausstraße „Van Houten's Cacao-Probe-Local" eröffnet worden, ein Betrieb, der sich auf den Verkauf von Schokoladenprodukten spezialisiert hatte. 1921 übernahm der Konditormeister Friedrich Bartels das Lokal, eröffnete dort, ganz der Tradition der Kaffeehäuser verpflichtet, eine Konditorei mit Bewirtung und gab ihr den Namen „Holländische Kakao-Stube". Kakao war der firmeneigenen Überlieferung zufolge das meist ausgeschenkte Getränk. Die im Stadtzentrum gelegene Kakao-Stube gehört bis heute zu den beliebtesten Cafés in Hannover.

Wandkalender der Firma Sprengel, 1899

Werbeanzeige, Hannover 1912/13

Holländ. Cacao-Stube, Hannover

**Anmerkungen**

1   zit. nach Ulla Heise: Kaffee und Kaffee-Haus. Eine Kulturgeschichte, Hildesheim/Zürich/New York 1987, S. 38.

2   zit. nach Annerose Menninger: Genuss im kulturellen Wandel. Tabak, Kaffee, Tee und Schokolade in Europa (16.- 19. Jahrhundert), Stuttgart 2004, S. 357.

3   s. Reinhard Oberschelp: Niedersachsen 1760 – 1820, Band 1, Hildesheim 1982, S. 219 f.

4   s. Reinhard Oberschelp: Niedersachsen 1760- 1820, Band 2, Hildesheim 1982, S. 28.

5   zit. nach Ludwig Hoerner: Zitatensammlung zum Buch „Arme Leute – Reiche Leute". Stadtleben vor 200 Jahren, Hannover 2002, S. 350.

6   s. Albert Pfiffner: Kakao, in: Thomas Hengartner / Christoph Maria Merki (Hg.): Genussmittel. Eine Kulturgeschichte, Frankfurt/M. und Leipzig 2001, S. 133-160, hier: S. 147; s. auch Menninger 2004, S. 366 ff.

7   zit. nach: 100 Jahre B. Sprengel & Co. 1851 – 1951, Hannover 1951.

8   ebda

9   Stichwort: Sprengel, in: Klaus Mlynek, Waldemar R. Röhrbein: Stadtlexikon Hannover, Hannover 2009, S. 581 f.

Sprengel Weinbrand Bohnen,
Druckvorlage für Pralinenschachtel,
1965/66

Geräte zur Zubereitung

*Ein Überblick*

Thomas Krueger

Für die neuen Heißgetränke benötigte man neben Trinkgeschirr auch spezielle Geräte zur Zubereitung, vor allem für Kaffee. Zwar gibt es auch für die Teezubereitung Ansätze, etwa die Wassererhitzung auf die richtige Temperatur oder die Dauer des Ziehens mit technischer Hilfe zu lösen, doch sind offenbar weitaus mehr technische Geräte in allen möglichen Varianten zur Kaffeezubereitung erdacht worden als für Tee oder gar für Schokolade. Letztere fristet in dieser Hinsicht ein Schattendasein.

Nur ein Überblick können die folgenden Zeilen sein, denn offenbar hat die Lust am Genuss der heißen 3, hat ihre anregende Wirkung auch die technische Phantasien beflügelt, wie man denn den Genuss vor allem von Kaffee durch verbesserte Herstellungsmethoden noch verstärken könne. Und wenn man den einschlägigen, reich bebilderten Band von Edward und Joan Bramah über „300 Jahre Kaffeezubereitung: Kunst und Technik" durchblättert,[1] hat man schnell den Eindruck, dass die ausgeklügeltsten Apparate oft mehr für die Phantasie des Erfinders als weniger für ihren Erfolg zur Verbesserung der Kaffeezubereitung stehen. Insofern ist der Untertitel durchaus doppeldeutig, und Johann Rottenhöfer ist wohl zuzustimmen, dass viele Maschinen „weit eher Salonmeubel (Kaminverzierungen), als ihrem Zwecke entsprechende Geräthe sind."[2]

Die hier in Fotografien vorgestellten Geräte sind in gewissem Sinne Zufallsfunde, stammen sie doch alle aus der Sammlung des Historischen Museums in Hannover. Sie repräsentieren somit nicht die Bandbreite der technischen Varianten von Zubereitungsgeräten, sondern ihre mehr oder weniger zufällige Überlieferung in einer Region. Daher kann hier auch keine systematische Übersicht über die unterschiedlichen Techniken erfolgen. Das Vorhandensein gerade dieser Geräte zeigt aber, das diese Gerätetypen in den hiesigen Haushalten vorhanden waren und hier tatsächlich gebraucht wurden.

Tee wurde von Beginn an fertig aufbereitet gehandelt. Der Tee braucht lediglich noch aufgebrüht zu werden, wobei die Entfernung der Teeblätter aus dem Sud nach Ablauf der gewünschten Zeit des Ziehenlassens das einzige Problem ist. Einfache Siebe entweder in die Kannentülle integriert oder

extra bereit gehalten sind praktisch, Filtertüten oder Einsatzsiebe aus Metall leisten ebenfalls Hilfe. Schokolade wurde zur Getränkezubereitung in Tafel- oder Kuchenform gehandelt, von denen man die gewünschte Menge einfach abraspelte, um sie nach Belieben mit Milch oder Wasser aufzukochen. Kaffee dagegen wurde bis ins 20. Jahrhundert roh gehandelt, weil gerösteter Kaffee sehr schnell an Aroma verliert. Er musste also selbst zu Hause geröstet werden, bis geeignete Verpackungen auch den kurzfristigen Verkauf von Röstkaffee ermöglichten. Vor dem Kochen muss er noch gemahlen werden, entweder gleich in der Rösterei zum alsbaldigen Gebrauch oder wiederum zu Hause unmittelbar vor dem Kochen. Erst die Vakuumverpackungen, die seit etwa 40 Jahren verbreitet sind, ermöglichen den Handel mit gemahlenem Kaffee.

Das Rösten des Kaffees geschah zunächst in offenen Pfannen. Damit die Bohnen gleichmäßig geröstet werden und nicht anbrennen, müssen sie ständig bewegt werden. Aus Arabien kannte man den Trommelröster, der auf zwei Gabeln liegend mit einer Kurbel über dem offenen Feuer gedreht wurde. Theodor Zwinger gibt einen solchen Trommelröster bereits 1696 auf seiner Skizze des Kaffeestrauchs wieder.[3]

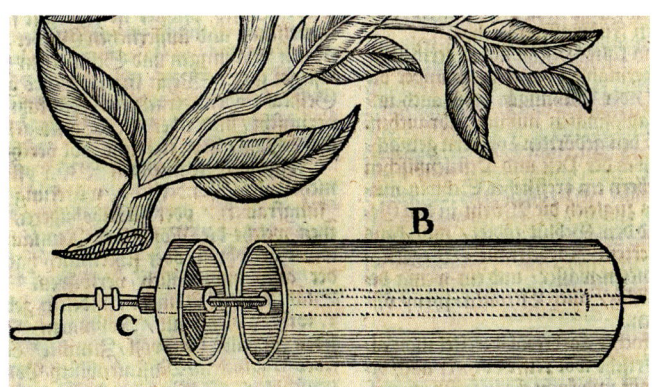

Darstellung eines Kaffee-Trommelrösters, 1696

Bald kamen spezielle Schüttelröster auf, bei denen die Bohnen in zwei zusammengeklappten Blechkästen im offenen Herdfeuer beim Rösten aufgeschüttelt werden konnten.

Kaffee-Schüttelröster, Anfang 19. Jahrhundert

Das Mahlen nach dem Rösten geschah zunächst in Mörsern, bis im Laufe des 18. Jahrhunderts mit der Verbreitung des Kaffees die ersten Mühlen aufkommen.

Kaffeesatz wird im Getränk als störend empfunden, weshalb es immer Bemühungen gab, den Satz aus dem Trinkgefäß fernzuhalten. Die ursprüngliche Technik des Kaffeekochens bestand im Aufkochen des Kaffeepulvers mit kaltem oder kochendem Wasser; dabei verblieb der Satz in der Kanne. Siebe sind in der Regel nicht fein genug, um den Satz beim Einschenken zurückzuhalten, und selbst die hoch an-

Zwei Kaffeemühlen, links eine Militärmühle, bis 1866 vom Hauptmann Schambach gebraucht; rechts Mühle mit Einstellmöglichkeit für grob und fein, um 1950

gesetzten Schnaupen der Kaffeekannen hielten den Satz nicht zurück. Das Umfüllen des heißen Getränks von der Kanne in die Tasse und dann in die Unterschale schuf ein wenig Abhilfe, zugleich konnte sich das Getränk schluckweise abkühlen. Noch um 1800 gehörte daher zu einem Kaffeeservice eine Spülkumme, in der man Unterschale und Tasse zwischendurch ausspülen konnte.

Für den Kaffee entwickelten sich verschiedene Brühtechniken. Ursprünglich wurde der Kaffee wie erwähnt aufgekocht. Im 18. Jahrhundert wurde Kaffee aber auch schon aufgebrüht, indem eine bestimmte Menge Kaffeemehl mit kochendem Wasser aufgegossen wurde und man ihn einige Minuten ziehen ließ. Erfolgreiche Verfahren des Filterns von Kaffee kamen erst Anfang des 20. Jahrhun-

Kaffeeservice mit Kanne, Zuckerdose, Milchgießer, Tasse, Spülkumme; mit Eichenlaubdekor. Fürstenberg um 1810

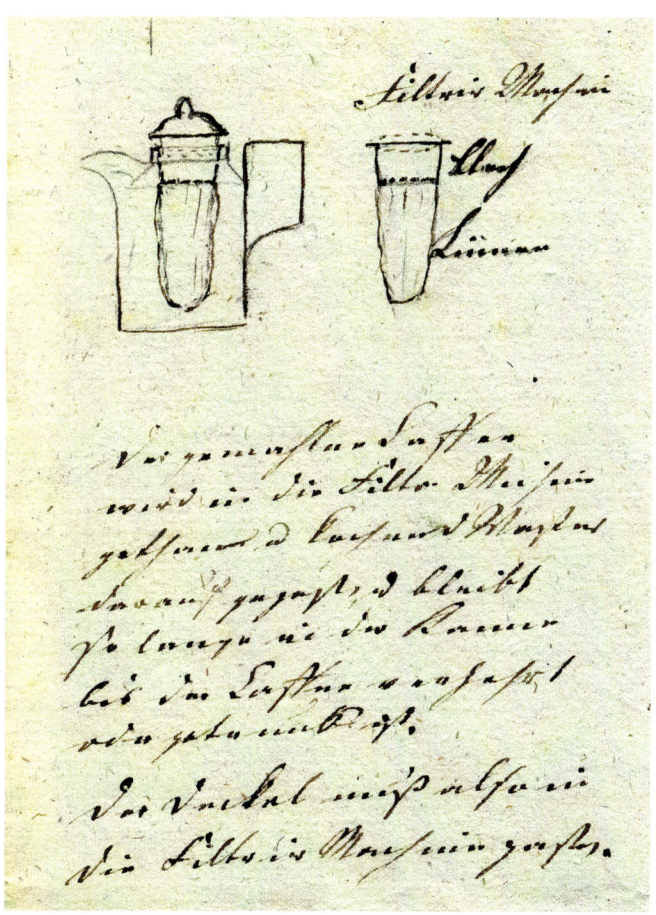

Die „Filtrir-Maschine" der Porzellanmanufaktur Fürstenberg, 1789.
Staatsarchiv Wolfenbüttel, 54 Alt 12 Bl. 154.

derts auf, auch wenn es bereits seit dem 18. Jahrhundert immer wieder Versuche gab, den Kaffeesatz schon beim Aufbrühen herauszufiltern, doch waren die Filtermaterialien Papier und Textilien ungenügend.[4]

Die Infusionsmethode ist die früheste Filtertechnik, sie ist seit Beginn des 18. Jahrhundert bekannt. Ein Leinensäckchen wurde mit Kaffeepulver oder Tee gefüllt zum Überbrühen in die Kanne gehängt. Hierzu machte man sich in der Porzellanmanufaktur Fürstenberg bereits 1789 Gedanken und tüftelte an einer „Filtriermaschine". An einem blechernen Einsatzring sollte ein Leinenbeutel das Kaffeemehl aufnehmen, der in der Kaffeekanne hing, eine Technik, die bereits über zwanzig Jahre früher in Frankreich erprobt wurde. Doch

da man dafür Hals und Mündung der Kaffeekannenformen hätte ändern müssen, wurde diese Idee nicht umgesetzt. Unabhängig von diesem Problem wäre der große Nachteil dieser Technik geblieben, dass das Leinen nicht geschmacksneutral ist und schnell unansehnlich wird.

Unter den Maschinen ist die „Dröppelminna" sicherlich die älteste. Der Mediziner Bontekoe beschreibt diese „Kraankanne" bereits 1678 in seiner Schrift über die Vorzüge des Tee. Eigentlich ist sie nur ein Gerät zum Warmhalten, gleich ob Tee oder Kaffee, bei dem unter einem Metallbehälter, in der Luxusausführung auch aus Porzellan, ein Kohlenbecken, eine Kerze oder ein Spiritusbrenner steht.

„Dröppelminna", um 1800

Samowar oder Wärmekanne mit „Schornstein" rechts, 1864, aus Rottenhöfer 1864, S. 84.

Der Name „Dröppelminna" leitet sich daher ab, dass die Hähne dieser Spender oder Warmhaltekannen nicht ganz dicht schlossen und die Kannen daher leicht tropften. Diese Kannen waren bereits im 18. Jahrhundert sowohl schlicht als auch reich und edel ausgestattet weit verbreitet.

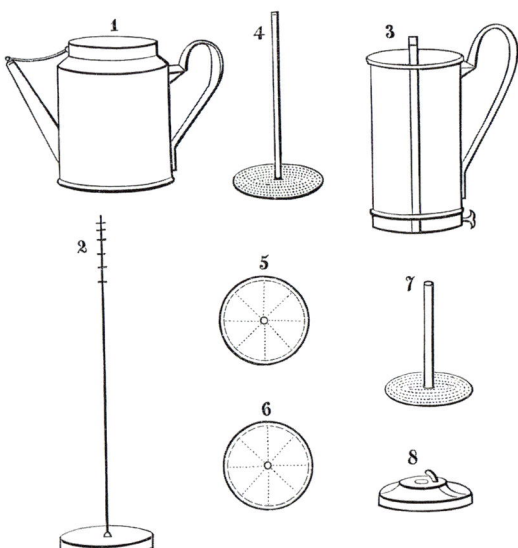

Seihkanne nach Daussée, aus Rottenhöfer 1864, S. 74.

Doch die Technik wurde raffinierter: Zur besseren Hitzeverteilung erhielten die Kaffee- oder Teespender mittig eingesetzt eine Art Schornstein, durch den die heiße Luft zog, so dass das Getränk nicht nur von unten erhitzt wurde. Hier gab es vielfältige Konstruktionen, etwa mit doppelten Wänden, zwischen denen heißes Wasser zirkuliert – eine der um 1900 entwickelten Isolierkanne vorweg genommene Idee.

Die Kombination von Erhitzen und Filtern führte zur Entwicklung der zweistufigen Seihkannen, die ab 1795 aufkamen: Auf der Kanne sitzt ein Filter, in dem ein Stempel zum Festdrücken des Kaffeemehls sitzt, sowie ein oben aufgesetzter Wasserverteiler. Der Ausguss ist durch einen Stöpsel verschlossen, damit das von oben aufgegossene kochende

Kippkanne, Ende 19. Jahrhundert

Napoletana-Kaffeemaschine, 19. Jahrhundert

einen Deckel mit zwei Gegengewichten. Solange Wasser im Behälter ist, hält dieser den Deckel des Brenners offen. Ist das Wasser durchgelaufen, hat die Filterkapsel Übergewicht, der Deckel wird frei, klappt zu und löscht die Flamme. Auch die Rösttechnik verbesserte sich: Ende des 19. Jahrhunderts er-

„Eicke"-Kaffeemaschine, Ende 19. Jahrhundert

Wasser nur langsam durchläuft und das Kaffeearoma aufnehmen kann. An der Verbesserung dieser Technik wurde in vielen Varianten gearbeitet.

Bei der Kippkanne wurde das Wasser mit dem Brenner zum Kochen gebracht; oben befand sich das Kaffeemehl. Wird die Kanne umgedreht, läuft das heiße Wasser durch den Kaffee. Die „Napoletana" arbeitete nach dem gleichen Prinzip, sie wird von Hand umgedreht.

Das mechanische Umdrehen von Hand erübrigte der um 1820 entwickelte Dampfdruck-Perkolator. Das in der Kanne erhitzte, unter Druck stehende Wasser wird durch ein Steigrohr über das auf einem Filter liegende Kaffeemehl geleitet und brüht so den Kaffee auf; der Kaffee läuft zurück in den Wasserbehälter. Diese Dampfdruck-Perkulatoren, „Wiener Kanne" oder „Doppelglasballonmaschine," kochten zwar allein, doch musste der Filterkreislauf zur rechten Zeit unterbrochen werden, damit der Kaffee nicht immer wieder durchläuft. Die waageförmige Maschine der Firma „Eicke" aus Berlin hatte dafür einen Löschmechanismus für die Flamme: Der Brenner hat

setzten die geschlossenen „Sparherde" oder „Kochmaschinen" die offenen Herdfeuer in den Küchen, die Schüttel- und Trommelröster wurden von Einsatzröster abgelöst. In der gusseisernen Herdplatte befanden sich mehrere unterschiedlich große Löcher, die je nach Größe des Topfes mit Ringen vergrößert oder verkleinert werden konnten. So konnte auch der Kaffeeröster passend eingesetzt werden und erhielt die nötige Hitze direkt aus der Herdflamme.

Alle die Versuche zum Kaffeefiltern waren jedoch nicht recht befriedigend, weshalb an der alten Technik des einfachen Überbrühens und des Durchlaufens des Getränks durch

Einsatzröster für Kochherde, um 1900

einen Filter weiter gearbeitet wurde. Weit verbreitet war der „Hamburger Spitzfilter," ein Kaffeefilter aus emailliertem Weißblech, in den eine gefaltete Papiertüte gesteckt wurde. Beim heute noch erhältlichen „Karlsbader Filter" aus Porzellan, den es seit Ende des 19. Jahrhunderts in verschiedenen Varianten gibt, besteht das Sieb aus feinen Keramikstreben. Da Porzellan geschmacksneutral ist, gilt diese Filtermethode als die beste.

Die wichtigste Neuheit war aber sicherlich der Kaffeefilter von Melitta Bentz aus Dresden: Um 1900 war Papier billig geworden, es hatte einen hohen Reinheitsgrad erreicht und blieb unter großer Hitze geschmacksneutral. Außerdem war es nun so fest, dass eine einzige Lage

genügte, ohne dass es auf- oder durchweichte. Das neue Material Aluminium, aus dem der Behälter mit dem Bodensieb bestand, verhinderte die Korrosion des Filters. 1908 hatte Melitta Bentz das Prinzip erfunden, bereits 1909 verkaufte sie auf der Leipziger Messe 1250 Stück. 1914 arbeiteten bereits 14 Angestellte für die Firma. Mitte der 1920er Jahre wurden jährlich rund 100.000 Stück abgesetzt und 1925 wurde die Marke „Mellitta-Filter" eingeführt. Aus Platzgründen und weil dort ein günstiges Grundstück angeboten wurde, erfolgte 1929 der Umzug des Unternehmens von Dresden nach Minden, wo bis heute der Stammsitz der Firma ist. 1998 wurden in Deutschland etwa 10 Milliarden Filtertüten benutzt.

Die Elektrifizierung seit Anfang des 20. Jahrhunderts wandelte auch die Haushaltsgeräte zur Zubereitung von Kaffee, Tee und Schokolade. Der Tauchsieder erleichterte das Wasserkochen, in der 2. Hälfte des 20. Jahrhunderts etablierten sich elektrische Kaffeemaschinen und -mühlen. Die Kaffeemaschinen setzten im Grunde bis heute das Prinzip der Perkulatormaschinen aus dem beginnenden 19. Jahrhundert durch die Beheizung des Steigrohres fort. In den 1940er

Zwei elektrische Kaffeemühlen, links eine Schlagwerkmühle aus den 1950er Jahren, rechts eine Braun-Mühle mit Scheibenmahlwerk, um 1970.

bis 1960er Jahren gab es Porzellankannen mit einem eingebauten Heizstab und einem Steigrohr, sie wurden von Maschinen aus Kunststoff mit Glaskannen abgelöst. Die elektrischen Schlagwerk-Mühlen, die in den 1950er und 1960er Jahren weit verbreitet waren, erhitzten das Kaffeemehl jedoch so sehr, dass das Aroma litt. Sie wurden von Maschinen mit Kegel- oder Scheibenmahlwerken abgelöst, die dem Mahl-Prinzip der alten Handkurbelmühlen nachempfunden sind.

Zum Warmhalten wurden Mitte des 20. Jahrhunderts die Stülpmantelkannen entwickelt. Über speziell gestaltete Porzellankannen wurde ein mit Filz ausgeschlagener Edelstahlmantel gestülpt. Milchgießer und Zuckerdose wurden gestalterisch angepasst. Gestalterisch von wenig Eleganz, gelang es ihnen nicht, sich gegen die traditionellen, oft selbst hergestellten Kaffeemützen durchzusetzen.

Seit über zehn Jahren erleben die Geräteinnovationen einen große Belebung. Portionsmaschinen wurden eingeführt, die entweder über kleine Pads oder Aluminiumkapseln Tasse für Tasse Kaffee produzieren, große Portionsmaschinen drängen in die Haushalte von Bessergestellten, wo sie zugleich verschiedene Arten Kaffee vom einfachen Filterkaffee, über Espresso, Latte Macchiato bis zu Cappuccino oder Heißwasser für Tee fast von ganz allein in höchster Qualität zuzubereiten versprechen. Kaffee, Tee und Schokolade sind hip und das macht sich beim häuslichen Gerätepark bemerkbar.

Stülpmantelkannen für Kaffee und Tee, Mitte 20. Jahrhundert

**Anmerkungen**

1   Edward und Joan Bramah: 300 Jahre Kaffeezubereitung: Kunst und Technik, München 1989. Das Folgende danach. - Noch umfangreicher ist Ian Bersten, Coffee Floats, Tea Sinks. Through History and Technology to a Complete Understanding. Sydney 1993.
2   Johann Rottenhöfer: Der elegante wohlservirte Kaffee- und Theetisch mit Abbildung der Kaffee- und Theepflanze und mehrere der neuesten Kaffee-Kochapparate, München 1864. S. 72.
3   Zwinger, Theatrvm Botanicvm, S. 38.
4   Vgl. zum Folgenden Martin Beutelspacher: Klarer Kaffee. Auf dem Weg zu einer Optimierung des Kaffeegenusses. In: Wingolf Lehnemann u.a.: Kaffee: ernten, rösten, mahlen. Münster 2004, S. 101-115.
5   Bontekoe, Thee, S. S. 326.

Die heißen 3 und der Zucker

# *Das Bittere und das Süße*

Andreas Urban

Zucker ist heute ein selbstverständlicher Teil unserer Lebenswelt. Auch wenn er wegen seines Kalorienreichtums und seiner zerstörenden Wirkung auf die Zähne nicht unumstritten ist, hat er die Geschmacksnerven des modernen Menschen von Grund auf geprägt.

Bereits im Mittelalter gab es Zucker: Als Fernhandelsgut aus dem Orient war der luxuriöse Rohrzucker ausschließlich in Apotheken zu hohen Preisen erhältlich. Die Entdeckung und Eroberung der Neuen Welt hatte zur Folge, dass der Anbau und die Verarbeitung von Rohrzucker im Rahmen der Sklavenwirtschaft in den Kolonien der europäischen Mächte auflebten. Als Importprodukt kam der Zucker über die Überseehäfen Bremen und Hamburg auch nach Norddeutschland. Rohrzucker wurde in unterschiedlicher Form gehandelt: als flüssiger Sirup oder als kristalliner Feststoff in einer Farbskala von dunkelbraun bis elfenbeinweiß und in unterschiedlichen Reinheitsgraden. Der höfische Adel und das wohlhabende Bürgertum hatten eine Vorliebe für den feinen, weißen Zucker.

Die „süße Droge" wurde zunächst als Heilmittel, als Gewürz und im Rahmen prunkvoller, festlicher Zeremonien konsumiert. Zucker war ein Statussymbol der Wohlhabenden. Der kurfürstliche Hof in Hannover führte 1696 als selbstverständlichen Teil seiner Ausstattung eine Zuckerkammer, in der neben zwei Conditoren jeweils ein Gehilfe und ein Junge angestellt waren. Die Entlohnung der Conditoren entsprach der des Fechtmeisters und des Kunstmalers.[1] Noch Mitte des 19. Jahrhunderts wurde in der „Dienst-Instruction für die „Caffeefrau" eigens darauf hingewiesen, dass zu den zu verwendenden Materialien

„auch der Zucker gehört".[2] Ein englischer Autor pries 1708 die Vorzüge dieses kostbaren Gutes für viele Lebensbereiche: „Eine der angenehmsten und zugleich nützlichsten Sachen der Welt; denn abgesehen von seinem Nutzen als Handelsware, Ärzte und Apotheker kommen ohne ihn gar nicht aus, schließlich gibt es an die dreihundert Medizinen, die Zucker als wichtigen Bestandteil enthalten; fast alle Konditorwaren beziehen ihre Süße und ihre Haltbarkeit vom Zucker, und die meisten Früchte würden ohne Zucker alsbald verderben; die feinen Pasteten könnten ebenso wenig hergestellt werden wie die herzstärkenden Labsale, die in den Wandschränken der Damen stehen, und das von ihnen so geliebte Konfekt."[3]

Zucker wurde bei der Herstellung von Backwaren und kandierter, also in Sirup bzw. halbkristallinem Zucker konservierter Früchte, eingesetzt. Der Berufsstand des Konditors, abgeleitet von „Canditor", verdankt ihm seinen Namen. Hannovers erste Konditoren waren Apotheker, die nicht nur mit Rohrzucker, Gewürzen, Kaffee, Kakao und Tee handelten,

Teile aus dem Kaffeeservice des Kielmannseggeschen Jägerkorps (Kaffeekanne, Tasse, Untertasse, Zuckerdose, Milchgießer), Porzellan, 1814

87

sondern Zucker auch zur Verfeinerung von Medikamenten und zur Herstellung von Konfekt verwendeten.[4] Im 18. Jahrhundert ließen sich dann verschiedene Zuckerbäcker aus der Schweiz, Frankreich und Italien in Hannover nieder. Von nun an profitierte nicht nur die höfische Gesellschaft von der

Anzeige der Hof-Conditorei, Restauration und Kaffeehaus Spohn, aus: Führer durch die Residenzstadt Hannover und Umgebung 1858

Kunst zur Herstellung feiner Back- und Zuckerwaren, sondern alle, die sich diesen Luxus leisten konnten. Der Konditor Robby in der Leinstraße beispielsweise verkaufte 1797 „große und kleine Zuckerbilder, Marzipan, figuriertes Marzipanconfect, … überzuckerte Confituren und sonstiges bekanntes schweizer Gebackenes, … trockene französische Früchte, alle Sorten eingemachter Früchte in Zucker, Brantewein und Essig, französische Liqueurs … zu mehreren Preisen."[5] Diese verführerische Aufzählung von Zuckerbäckerwaren erscheint aus heutiger Sicht nicht außergewöhnlich. Für das einfache Volk um 1800, das echten Rohrzucker nur in seltenen Ausnahmefällen pro-

bieren konnte, stellte dieses Angebot allerdings einen Ausschnitt aus einer anderen, vornehmeren Welt dar. Der Konsum von Zucker war noch ein Maßstab für die Bestimmung der sozialen Stellung des Menschen.

An dem Erfolg von Kaffee, Tee und Kakao bei der Bevölkerung Norddeutschlands im 18. und 19. Jahrhundert hatte der Zucker großen Anteil, denn alle drei Getränke sind bitter. Ihr Konsum erfolgte bei denjenigen, die es sich leisten konnten, mit dem süßenden Zucker, der den bitteren Geschmack verfeinerte oder überdeckte. Deshalb gehörten zu den Kaffee- und Tee-Services immer auch Zuckerdosen. Adel und Bürgertum demonstrierten noch um 1800 mit besonders aufwendig gefertigten Zuckerstreuern und –dosen ihren herausgehobenen Stand. Häufig waren die silbernen Dosen abschließbar, um zu verhindern, dass die Dienstboten dem Reiz des kostbaren Zuckers erlagen. Aber auch die aus den exotischen Pflanzen hergestellten Getränke trugen im Gegenzug zur Popularisierung des Zuckers bei. Der steigende Konsum der Heißgetränke Kaffee und Tee führte dazu, dass „der Zucker bürgerlichen und selbst ländlichen Schichten nicht ganz fremd bleiben"[6] konnte.

Zuckerstreuer und Zuckerdosen, Silber, 18. Jahrhundert

88

Mit der Züchtung der Zuckerrübe aus der Runkelrübe gab es Mitte des 19. Jahrhunderts eine qualitätvolle und billige Alternative zum Rohrzucker. Erst jetzt wurde in nennenswertem Maße und regelmäßig Zucker auch von weniger wohlhabenden Schichten der Bevölkerung konsumiert. Er

im 19. Jahrhundert griffen die Menschen nur noch in Notzeiten auf sie zurück. Die biologische Vollwerternährung und die Diätkost setzen ganz bewusst aus gesundheitlichen Gründen auf süße Alternativen zum nicht mehr Macht symbolisierenden, aber mächtigen Zucker.

Kaffeegesellschaft im Garten des Gasthauses Ahlemer Turm, 1936

Kaffeetisch in den Maschsee-Gaststätten, Hannover, 1955

wurde zu einem Grundnahrungsmittel für die breite Masse des Volkes. „1650 eine Rarität, 1750 ein Luxusgut, wurde aus dem Zucker nach 1850 ein schlichter Bedarfsartikel."[7] Indem der Zucker billiger wurde und in großen Mengen verfügbar war, verlor er seinen Status als Symbol von Macht und Reichtum. Er wurde gewöhnlich und alltäglich.

Die besondere Eigenschaft des Zuckers besteht zum einen darin, dass er die Attraktivität der Nahrungsmittel steigert. Zum anderen, und das macht seinen Wert für industrialisierte Gesellschaften aus, ruft er durch seinen Kalorienreichtum auch ein Sättigungsgefühl hervor und trägt zur Ernährung insbesondere ärmerer Bevölkerungsschichten bei. Industriell hergestellte Nahrungsmittel sind ohne die Beimengung von Zuckerstoffen heute kaum mehr denkbar. Zuckerrohr und Zuckerrübe liefern in den jeweiligen Klimazonen, in denen sie wachsen, mehr verwertbare Kalorien als jede andere Pflanze, die dort angebaut werden kann.[8] Durch die Macht des raffinierten Zuckers verloren traditionelle Ersatzsüßstoffe wie Honig, Birnenkraut und Möhrensirup an Bedeutung. Seit Beginn der Massenproduktion des Zuckers

**Anmerkungen:**

1 s. Carl Ernst von Malortie: Der Hannoversche Hof unter dem Kurfürsten Ernst August und der Kurfürstin Sophie, Hannover 1847, S. 39.

2 Carl Ernst von Malortie: Der Hof-Marschall. Handbuch zur Einrichtung und Führung eines Hofhalts, Hannover 1846, S. 86.

3 zit. nach Sidney W. Mintz: Die süße Macht. Kulturgeschichte des Zuckers, Frankfurt/New York 1987, S. 138.

4 s. Ludwig Hoerner: Marktwesen und Gastgewerbe im alten Hannover, Hannover 1999, S. 146 f..

5 zit. nach Ludwig Hoerner: Zitatensammlung zum Buch „Arme Leute – Reiche Leute". Stadtleben vor 200 Jahren, Hannover 2002, S. 375.

6 Günter Wiegelmann: Der Wandel von Speisen- und Tischkultur im 18. Jahrhundert, in: Hans J. Teuteberg / Günter Wiegelmann: Unsere tägliche Kost. Geschichte und regionale Prägung, 2. Auflage, Münster 1986, S. 341.

7 Mintz 1987, S. 179.

8 s. Mintz 1987, S. 225.

Die heißen 3 in der Konsumgesellschaft

*Nie ohne!*

Thomas Krueger

## „Jede Tasse Extraklasse"

Marktschreier, Ausrufer, Gewerbezeichen an den Häusern hat es schon in früheren Zeiten gegeben. Doch mit dem Massenmarkt im 19. Jahrhundert musste sich auch die Werbung weiterentwickeln. Um die Produkte der vielen kleinen und großen Hersteller unterscheidbar anpreisen zu können, stand nun die Marke im Mittelpunkt, mit der ein oder mehrere Produkte von allein verbunden werden: Im Idealfall wirkt Markenwerbung so, dass der potentielle Kunde den Markennamen anstelle der Produktbezeichnung verwendet, wenn er etwa „KABA" statt „Trinkschokolade" sagt.

Ein schönes Beispiel für die erhoffte Werbewirkung von Kaffee, Tee und Schokolade zeigt der im türkischen Stil errichtete Bau des Kaffeehauses in Wolfenbüttel. Es entstand im Zusammenhang mit dem Bau der ersten deutschen Staatseisenbahn 1838 von Braunschweig nach Wolfenbüttel. Die Staatsbahn wollte den Personenverkehr fördern und hatte die Idee, eine Ausflugsmöglichkeit in Bahnhofsnähe zu schaffen. Was lag da näher, als 1839 ein romantisches Ausflugslokal in Sichtweite des Bahnhofs zu bauen? Elemente der englischen Tudor-Gotik mit solchen orientalischer Bauweise gaben dem Haus einen ganz besonderen exotischen Charakter, eine frühe Form von Freizeitarchitektur. Die Porzellanmanufaktur Fürstenberg schuf eine Andenkentasse dazu, ein Souvenir. Türkisches Kaffeehaus und Tasse dokumentieren also im Zusammenhang mit der neuen Eisenbahn die Modernität von Kaffee, Tee und Schokolade im 19. Jahrhundert.[1]

Seit der zweiten Hälfte des 19. Jahrhunderts dienten markengerecht gestaltete Blechschilder und Zeitungsannoncen, seit den 1920er vermehrt Jahren Rundfunk-, später Kino- und Fernsehspots, der Produktwerbung.

Logos und einheitlich gestaltete Verpackungen trugen die Werbung für Marke und Produkt in die Haushalte. Für die Außenwerbung kamen seit dem Ende des 19. Jahrhunderts emaillierte Blechschilder oder aufwendigere, hinterleuchtete Glasschilder auf. Seit den 1960er Jahren wurden sie von billiger herzustellenden Kunststoffschildern abgelöst.

Machwitz-Kaffee, hinterleuchtetes Glasschild, 1950er Jahre.

Kaffeehaus Wolfenbüttel, Kreidelithografie von Meyer, um 1840.

Hans-Göhmann-Kaffee, Hannover. Dose aus Eisenblech, 1950er Jahre. Die Dose trägt an den Seiten die Aufschriften: „Das Negermädchen bei der Kaffeeauslese Schutzmarke" sowie „Das Haus der guten Qualitäten"

Grote-Kaffee, Hannover. Dose aus Eisenblech, 1920er Jahre. Auf die Dose ist eine Abbildung des Ernst-Grote-Hauses gedruckt, das an der Ecke Osterstraße / Breite Straße stand. Die Kaffeehandlung Grote wurde 1873 gegründet.

**Zwischen Volksgemeinschaft und Wirtschaftswunder**

Die Massengesellschaft zeigte in der Ideologie der „national-sozialistischen Volksgemeinschaft" ihre schlimmsten Auswüchse. Dazu gehörte im Privatleben wie im Beruf auch die Gleichschaltung aller „Volksgenossen". In Kantinen und den „Feierabendhallen," deren Kulturprogramme ebenfalls der Gleichschaltung der „Volksgemeinschaft" dienten, gehörte „Deutscher Kaffee" dazu - Malzkaffee. Die Bevölkerung sollte heimische Produkte konsumieren, um Deutschland unabhängig von Importen zu machen.

Kaffee nach einem Fliegeralarm in Hannover-Linden, Sommer 1944.

Ein besonders anregendes Produkt der Schokoladenindustrie entstand 1935, als die Berliner „Hildebrand, Kakao- und Schokoladenfabrik" die „Scho-Ka-Kola" erfand. Mit einem Kakaoanteil von etwa 58 Prozent und einem Koffeingehalt von 0,2 Prozent aus geröstetem Kaffee und 2,5 Prozent Kolanuss-Auszug sollte sie anregend und leistungsfördernd junge und männliche Konsumenten begeistern. Pünktlich zur Propagandaschlacht um die Olympischen Spiele 1936 in Berlin avancierte sie zur „Sportschokolade," um bald im Krieg als „Fliegerschokolade" zur Verpflegung von Militäreinheiten zu gehören, um (neben Schnapsrationen und Aufputschmitteln wie „Pervitin") die Moral der kämpfenden Truppe zu erhöhen. Nach dem Krieg wurde Scho-Ka-Kola weiter hergestellt, andere Hersteller boten ähnliche Marken an wie etwa Sprengel die „Kaffee-Kola".

Während des Zweiten Weltkriegs und in den Notjahren danach gab es nur selten echten Kaffee, auf Lebensmittelkarten gab es nur Kaffee-Ersatz. Doch selbst die Kriegsbewirtschaftung sah mit „Muckefuck" eine rudimentäre Versorgung mit Kaffee vor. In der Notzeit unmittelbar nach dem Krieg enthielten die Hilfspakete der amerikanischen Organisation Care Kaffee und Schokolade: „Dann kriegten wir Nescafé,

das war für uns so was Neues, der Pulverkaffee. Wir hatten so lange keinen Kaffee gesehen."[2] Der Instant- oder Lösliche Kaffee, der 1938 erstmals in der Schweiz angeboten wurde, etablierte sich in Deutschland erst in den 1960er Jahren. 1965 kam „Nescafé Gold" in den Handel, der erste gefriergetrocknete, lösliche Bohnenkaffee, Teebeutel gibt es übrigens seit 1913.

„Kaffee-Kola" von Sprengel, um 1955

Die unerwartet rasante Auferstehung Deutschlands aus Ruinen beschleunigte die bislang verzögerte Entwicklung des Landes zur Konsumgesellschaft, zu der die heißen 3 selbstverständlich gehören: Zwischen 1950 und 1963 verdoppelte sich in Westdeutschland der Tee-Verbrauch, der von Schokolade vervierfachte sich, der Kaffee-Verbrauch stieg um das Siebenfache. Nun gab es auch alltags Bohnenkaffee.[3] Bei steigenden Löhnen konnte man sich das auch leisten: Musste man 1950 für 1 kg Kaffee noch durchschnittlich 22,5 Arbeitsstunden leisten, waren es 1959 nur noch 6,25 Stunden. Wer es sich leisten konnte, genoss den Kaffee im Sommer gern auf der Terrasse des neuen Eigenheims aus dem guten Goldrandgeschirr und in einer schicken Hollywoodschaukel sitzend.

„Coffee"-Dose aus einem US-amerikanischen Care-Paket, Orchard Park, um 1946.

Das Café als Ort der gemütlichen, nüchternen Kommunikation erhielt neue Formen wie die von italienischen „Gastarbeitern" importierte Espresso-Bar, die die ersten Italien-Urlauber in Rimini und anderswo kennen gelernt hatten. Die Caféteria, ein Selbstbedienungsrestaurant nach US-amerikanischem Muster, gehörte ebenso dazu. Die italienischen Eis-Cafés, die bereits nach 1900 etwa in Braunschweig ansässig waren, erreichten nun auch die Kleinstädte.

## Protest und globaler Markt

Die alternative Jugendkultur entwickelte aus ihrer Kritik an den politischen und kulturellen Werten der Elterngeneration neue Lebensmodelle. Mit lautem Pop und buntem Plastik protestierten die Jungen auch äußerlich gegen das Establishment und gegen Konventionen. Die Wohngemeinschaft war die alternative Lebensform zur traditionellen Kleinfamilie. Auf der Suche nach einer neuen kulturellen Identität spielten auch spirituelle Einflüsse aus asiatischen Religionen eine Rolle. Beliebt waren deshalb Räucherstäbchen. Im Teekult dieser Zeit verbanden sich das Anregende des Getränkes mit dem Meditativen des Genusses.

Der Zerfall des Kolonialsystems seit Ende der 1950er Jahre und die Politisierung vor allem der jungen Menschen seit 1967 förderte den Protest gegen die Internationalisierung der Märkte auf Kosten der einheimischen Bevölkerung. Entwicklungshilfe wurde nicht mehr als Wohltätigkeit verstanden, sondern als Teil eines globalen revolutionären Kampfes gegen Ausbeutung. Kritische Fragen führten zur Gründung von „Dritte Welt Läden" mit fair gehandelten Produkten. 1975 wurde die „Gesellschaft zur Förderung der Partnerschaft mit der Dritten Welt", GEPA, gegründet. Als 1979 in Nicaragua der Diktator Somoza von der Sandinistischen Befreiungsfront gestürzt wurde, solidarisierte sich die westliche Protestbewegung mit den Sandinisten. Die GEPA begann, Kaffee aus Nicaragua aus kleinbäuerlichem Anbau zu importieren. Den wegen seiner damals minderen Qualität spöttisch „Sandino Dröhnung" genannte, fair gehandelte Kaffee trank man in den 1980er Jahren in fast jeder Wohngemeinschaft.[4]

Parallel dazu schritt die in den 1960er Jahren begonnene Konzentration im Einzelhandel mit Gründung von Super- und Discountmärkten bei gleichzeitig steigenden Löhnen fort. Ein bis heute im Vergleich zu den Durchschnittseinkommen anhaltender Preisverfall bei Lebens- und Genussmitteln war die Folge. Handelsmarken wie Albrecht-Discount, „Aldi," bedrängten zunehmend etablierte Marken mit eigenen Produkten.

In den vergangenen zehn Jahren hat sich der Markt für die heißen 3 grundlegend gewandelt. Zum klassischen Filterkaffee gesellen sich nun Espresso, Cappuccino, Latte Mac-

chiato & Co., bei der Schokolade ist trotz sinkendem Gesamtverbrauch der Trend zu Edelprodukten steigend, ähnlich verläuft auch der Tee-Markt: 2008 wurden 51.000 Tonnen Tee nach Deutschland importiert, so viel wie nie zuvor. Parallel dazu entwickelt sich auch die Technik: Pads und Kapseln für portionsweise Zubereitung haben Zuwachsraten von 25 Prozent jährlich, der Maschinenpark in den Haushalten wird immer größer und ausgefeilter. Als Symbol und Wegbegleiter der modernen Gesellschaft haben sich Kaffeespezialitäten zum Mitnehmen etabliert. Rund 1600 Coffeeshops haben in den letzten zehn Jahren die Städte Deutschlands erobert.[5]

Die andere Seite der Medaille ist, dass in den Anbaugebieten teilweise wie vor zwei-, dreihundert Jahren unwürdige Arbeitsbedingungen herrschen. Kinderarbeit und sklavenähnliche Anstellungsbedingungen, Hungerlöhne und gesundheitliche Schäden durch unkontrollierten und unbeschränkten Einsatz von Agrochemie, ein gnadenloser Wettbewerb und Spekulationsblasen wie 2009 beim Kakao, ökologische Probleme durch riesige Monokulturen, Müllproduktion z.B. durch Kapselmaschinen sollten Verbrauchern zu denken geben. Auch wenn Transfair-Produkte nicht mehr allein in den WG's vermeintlich naiver Weltverbesserer stehen, sondern in den Supermarktregalen angekommen sind und Absatzsteigerungen verzeichneten, so ist ihr Marktanteil noch immer gering.[6]

Vielleicht denken Sie einmal daran, wenn Sie das nächste Mal einen „Coffee to go" schlürfen, an einer fein gedeckten Tafel zu Gast sind oder ein Stückchen Schokolade knabbern?

Anmerkungen:
1   Barbara Klössel: Das Türkische Kaffeehaus in Wolfenbüttel. Wolfenbüttel 1997.
2   Hermann Glaser: Deutsche Kultur. Ein historischer Überblick von 1945 bis zur Gegenwart. München 1997, S. 36, S. 59ff.
3   Axel Schildt, Detlef Siegfried: Deutsche Kulturgeschichte. Die Bundesrepublik-1945 bis zur Gegenwart. München 2009, S. 185, und zum Folgenden passim.
4   Schild, Siegfried, Kulturgeschichte, S. 298ff.
5   Vgl. die Stellungsnahmen des Deutschen Kaffeeverbands, www.Kaffeeverband.de, des Bundesverband der deutschen Süßwarenindustrie, www.bdsi.de, und des Deutschen Teeverbands, www.teeverband.de.
6   Vgl. www.gepa.de.

## Literatur in Auswahl

Es gibt viel Literatur über Kaffee, weniger über Tee und wenig über Schokolade. Hier eine kleine Auswahl von Titeln, die uns besonders behilflich waren:

### Botanik

Rudolf Schröder: Kaffee, Tee und Kardamom. Tropische Genußmittel und Gewürze. Geschichte, Verbreitung, Anbau, Ernte, Aufbereitung. Stuttgart 1991.

### Die heißen 3

Wolfgang Schivelbusch: Das Paradies, der Geschmack und die Vernunft. Eine Geschichte der Genußmittel. München 1980.

Hans J. Teuteberg, Günter Wiegelmann: Unsere tägliche Kost. Geschichte und regionale Prägung. Münster, 2. Auflage, 1986.

Jens-Uwe Brinkmann (Red.): Der bitter-süße Wohlgeschmack. Zur Geschichte von Kaffee, Tee, Schokolade und Tabak. Texte und Materialien zur Ausstellung im Städtischen Museum. Göttingen 1994.

Roman Sandgruber, Harry Kühnel (Hg.): Genuß & Kunst. Kaffee, Tee, Schokolade, Tabak, Cola. Ausstellung Schloß Schallaburg. Innsbruck 1994.

Hermann Kaiser: Der große Durst. Von Biernot und Branntweinfeinden - rotem Bordeaux und schwarzem Kaffee. Trinken und Getränke zwischen Weser und Ems im 18./19. Jahrhundert. Cloppenburg 1995. (Materialien und Studien zur Alltagsgeschichte und Volkskultur Niedersachsens, 32)

Thomas Hengartner, Christoph Maria Merki (Hg.): Genussmittel. Ein kulturgeschichtliches Handbuch. Frankfurt/M., 1999.

Günter Wiegelmann: Alltags- und Festspeisen in Mitteleuropa. Innovationen, Strukturen und Regionen vom späten Mittelalter bis zum 20. Jahrhundert. Münster, 2. erw. Aufl. 2006.

Annerose Menninger: Genuss im kulturellen Wandel, Stuttgart 2004, 2. erw. Aufl. 2008. (Beiträge zur Wirtschaft- und Sozialgeschichte Nr. 102)

### Kaffee

Peter Albrecht: Kaffee. Zur Sozialgeschichte eines Getränks. Eine Ausstellung des Braunschweigischen Landesmuseums aus Anlaß des 100jährigen Bestehens des Hauses Heimbs&Sohn. Braunschweig 1980.

Edward und Joan Bramah: 300 Jahre Kaffeezubereitung: Kunst & Technik. München 1989.

Daniela U. Ball (Hg.): Kaffee im Spiegel europäischer Trinksitten. Zürich 1991.

Ulla Heise, Beatrix Ffr. von Wolff Metternich (Hg.): Coffeum wirft die Jungfrau um. Kaffee und Erotik in Porzellan und Grafik aus drei Jahrhunderten. Leipzig 1998.

Peter Albrecht: Wieviel Kaffee tranken die Hannoveraner zwischen 1750 und 1850 denn nun wirklich? In: Karl Heinrich Kaufhold, Markus A. Denzel (Hg.): Der Handel im Kurfürstentum/Königreich Hannover (1780 – 1850). Stuttgart 2000, S. 138-179.

Ulla Heise: Kaffee und Kaffeehaus. Die Geschichte des Kaffees. Frankfurt 2002.

Eva Dietrich, Roman Rossfeld: Am Limit. Kaffeegenuss als Grenzerfahrung. Begleitpublikation zur gleichnamigen Ausstellung des Johann Jacobs Museum. Zürich 2002.

Westf. Museumsamt, Wingolf Lehnemann (Hg.): Kaffee. Ernten, rösten, mahlen. Münster 2004.

Jan Beernd Rothfos, Hans Lange (Hg.): Kaffee Die Zukunft. Hamburg 2004.

Katja Mutschelknaus: Kaffeeklatsch. Die Stunde der Frauen. München, 2. Aufl. 2008.

### Tee

Gerhard Kaufmann (Hg.): Tee. Zur Kulturgeschichte eines Getränks. Altonaer Museum in Hamburg - Norddeutsches Landesmuseum. Hamburg 1977.

Johann Haddinga: Das Buch vom ostfriesischen Tee. Leer, 2. Aufl. 1986.

Karl Wassenberg: Tee in Ostfriesland. Vom religiösen Wundertrank zum profanen Volksgetränk. Leer 1991.

### Kakao, Schokolade

Hartmut Roder (Hg.): Schokolade. Geschichte, Geschäft und Genuss. Bremen 2002.

Margrit Schulte Beerbühl: Faszination Schokolade: Die Geschichte des Kakaos zwischen Luxus, Massenprodukt und Medizin. In: Vierteljahresschrift für Sozial- und Wirtschaftsgeschichte 95 (2008), S. 410-429.

### Zucker

Sidney W. Mintz: Die süße Macht. Kulturgeschichte des Zuckers. Frankfurt 2007.

**Impressum der Ausstellung**

Für die freundliche Überlassung von Exponaten für die
Ausstellung und die persönliche fachliche Unterstützung
danken wir den folgenden Institutionen und ihren
Mitarbeitern:
  Bomann Museum Celle
  August Kestner Hannover
  Museum für Angewandte Kunst Frankfurt/Main
  Gottfried Wilhelm Leibniz Bibliothek - Nieders.
  Landesbibliothek Hannover
  Stadtarchiv Braunschweig
  Niedersächsisches Landesarchiv - Staatsarchiv
  Wolfenbüttel
  Stadtarchiv Göttingen
  Stadtarchäologie Göttingen
  Städtisches Museum Göttingen
  Staats- und Universitätsbibliothek Göttingen
  Städtisches Museum Hann. Münden
  Kaffeerösterei Bosse, Inh. Schirm, Alfeld/Leine
  Rausch Schokoladen GmbH, Berlin
  den privaten Leihgebern, die ungenannt bleiben möch-
  ten,
  sowie den Teams der beiden Partnermuseen.
Idee, Konzeption und Texte:
  Thomas Krueger, Museum im Schloss, Porzellanmanu-
  faktur FÜRSTENBERG GmbH
  Andreas Urban, Historisches Museum Hannover
Fotografien und Repros:
  Reinhard Gottschalk, HMH
Objektrecherche und Leihverkehr:
  Freya Akkerman, HMH
Restaurierung:
  Annabet Röllig, HMH
Gestaltung:
  Szenario - Ausstellungsgestaltung und
  Museumsberatung Hildesheim/Wolfenbüttel
Grafik:
  Ute Ohlms, Braunschweig
Bauten:
  Tischlerei Uwe Müller, Fürstenberg

Autoren:
Thomas Krueger, Historiker,
  Abteilungsleiter Museum im Schloss
  der Porzellanmanufaktur FÜRSTENBERG
Dr. Hilko Linnemann, Volkskundler,
  Fachkoordinator Regionalgeschichte und -kultur,
  Kreisvolkshochschule Holzminden
Dr. Andreas Urban, Ausstellungskurator,
  Historisches Museum Hannover
Uta Ziegan, M.A., Ausstellungskuratorin, Hannover

**Abbildungsverzeichnis**

Porzellanmanufaktur FÜRSTENBERG:
Titel, 10, 18, 32, 34, 35 oben, 36-38, 40, 56, 58, 68, 69, 72
unten, 73-77, 80 oben, 82 links, Rückentitel (Mitte)

Historisches Museum Hannover:
28, 39, 42-44, 47-55, 59, 63-67, 71-72 oben, 78, 80 unten,
81 rechts, 82 rechts, 83-93, Rückentitel (links, rechts)

Nieders. Landesarchiv - Staatsarchiv Wolfenbüttel: 21, 22, 81 li

Nieders. Staats- und Universitätsbibl. Göttingen: 12, 14, 15, 79

Museum für Angewandte Kunst, Frankfurt/M.: 70

Museum August Kestner: 35 unten

Museumsdorf Cloppenburg: 26

Stadtarchiv Braunschweig: 20

Bomann-Museum, Celle: 24

Stadtarchiv Göttingen: 41

Stadtarchiv Hannover: 46

Ute Ohlms: 25, 27

TOM, Berlin: 9, 96

privat: 11, 16, 23

To go (Mit freundlicher Genehmigung von ©Tom)